15 분 학습
일 완성

초등 기탄 글을 빠르고 바르게 이해하는 학습 프로그램

대단한 독해

| 2단계_과학 |

기초부터 탄탄하게
G 기탄교육

☆ 독해가 어렵다고요?

글은 줄줄 잘 읽는데 막상 내용을 물어보면 고개를 갸우뚱하는 우리 아이! 뭐가 문제일까요? 바로 독해력이 부족하기 때문이에요. 독해력은 '글을 읽고 뜻을 이해하는 능력'을 말해요. 글자를 읽기만 하는 게 아니고, 내용을 바르게 이해하여 내 지식으로 만들 수 있는 능력이지요. 독해력이 뛰어나야 국어뿐만 아니라 수학, 과학, 사회, 역사, 예술 등 다른 공부를 할 때도 요점을 쉽게 파악하고 이를 바탕으로 세부 내용까지 이해하여 문제를 풀 수 있어요.

☆ 〈대단한 독해〉로 시작하세요

초등 기탄 〈대단한 독해〉는 영역별로 다양한 주제의 글을 읽고, 독해의 기초 원리를 적용한 문제를 차근차근 풀이하는 과정을 통해 독해력을 효과적으로 길러 주는 단계별 학습 프로그램이에요. 스스로 학습의 No.1 기탄교육이 만들어, 누구나 쉽고 즐겁게 독해 학습을 시작할 수 있답니다.

우아, 벌써 다 끝냈어?

재미있게 읽다 보니 금방 풀리던데?

하루 15분, 즐겁게 휘리릭~!

처음에는 많이 읽기보다, 한 지문이라도 천천히 읽고 생각해 보며 흥미를 갖는 것이 중요해요. 〈대단한 독해〉는 쉽고도 부담 없는 분량의 지문으로 독해에 대한 재미와 성취감을 끌어올릴 수 있어요.

무얼 그렇게 즐겁게 읽니?

세계의 전통 춤에 대한 글인데, 춤에 이런 뜻이 있었다니 정말 신기해.

2 영역별 구성으로 즐거움 UP

〈대단한 독해〉는 단계별로 인문, 사회, 과학, 예술·스포츠 네 가지 영역, 총 4권으로 구성되어 있어요. 영역별 다양한 글을 읽으며 독해에 즐거움을 느낄 수 있지요. 또 교과 학습 과정과 연관된 내용을 통해 과목별 배경지식도 확장할 수 있답니다.

어머, 이건 제품 설명서잖아?

〈대단한 독해〉에는 실생활에서 볼 수 있는 글들이 다양하게 실렸다고!

3 다양한 형태의 글 읽기로 사고력 UP

일기, 동화, 시, 설명문, 논설문, 생활문뿐 아니라 실생활에서 자주 볼 수 있는 안내문, 인터넷 게시판, SNS 등 다양한 형태의 글을 만나 볼 수 있어요. 다채로운 글을 읽으며 사고력과 이해력을 쑥쑥 키울 수 있어요.

공부하다 말고 퍼즐을 하면 어떡해?

노는 게 아니라고! 오늘 배운 어휘를 꼼꼼히 풀어 보는 거야!

글에서 아이들이 어렵게 느낄 수 있는 어휘를 따로 정리해 두었어요. 또 그날 배운 어휘를 재미있는 퀴즈로 풀어 보며 뜻과 다양한 활용을 익힐 수 있지요. 맞춤법도 꼼꼼히 확인할 수 있답니다.

4 낱말 풀이와 퀴즈로 어휘와 맞춤법까지 꼼꼼하게!

지문 독해 + 핵심 문제

〈대단한 독해〉는 1회당 4쪽씩
총 15회로 이루어져 있어요.
매일 4쪽씩 공부해 보세요.

시와 이야기, 설명문과 논설문 등
다양한 종류의 글과 독해 원리가
표시되어 있어요.

언제 공부했는지
날짜를 써 보세요.

독해 원리에 꼭 맞는 대표 유형
문제들은 왕관으로 표시했으니
주의하여 풀어 보세요.

공부해
★

1회

우화 누가 무엇을 했는지 알기

은혜 갚은 독수리

일을 하고 돌아가던 농부가 그물에 걸린 독수리를 보았어요.
"저런, 꼼짝없이 죽게 생겼구나."
농부는 독수리가 *가여웠어요.
"조금만 기다려라."
농부가 그물을 풀어 주자 독수리는 훨훨 날아갔어요.
며칠이 지난 어느 날이었어요.
"어이쿠, 힘들다. 조금만 쉬었다 해야지."
밭에서 일하던 농부는 *근처에 있는 돌담에 *기대앉았어요. 그런
데 갑자기 독수리가 날아오더니 농부의 모자를 휙 *낚아챘어요.
"거기 서라! 거기 서!"
농부는 소리를 지르며 독수리를 쫓아갔어요. 하지만 독수리는 멈
추지 않고 계속 날아갔어요.
'내가 구해 주었는데 은혜도 모르고 모자를 가져가다니!'
그때 뒤에서 *요란한 소리가 났어요. 놀란 농부가 뒤
를 돌아보자 돌담이 와르르 무너져 내렸어요.
㉠'독수리가 나를 구하려고 모자를 채서 날아갔구나.
독수리가 아니었다면 나는 돌담에 깔렸을 거야.'
그때 독수리가 농부의 모자를 땅 위에 툭 떨어뜨
려 주었어요. 농부는 독수리에게 고맙다며 인사를
했답니다.

이솝, 「은혜 갚은 독수리」

어떻게 읽을까?
이야기에 어떤 인물이 나
오는지, 그 인물이 한 일
은 무엇인지 살피면서 읽
어 봐.

* 가여웠어요: 마음이 아플 정도로 불쌍하고 딱했어요.
* 근처: 가까운 곳.
* 기대앉았어요: 벽 등에 몸을 의지하여 비스듬히 앉았어요.
* 낚아챘어요: 남의 물건을 재빨리 빼앗거나 가로챘어요.
* 요란한: 시끄럽고 떠들썩한.

8

내용 이해
1 이 글에 나오는 인물은 누구와 누구인지 빈칸에 쓰세요.

☐☐ 와 ☐☐☐

내용 이해
2 이 글에서 농부가 한 일은 무엇인가요? (　　　)

① 그물로 독수리를 잡았다.　　② 모자를 낚아채 달아났다
③ 모자를 땅 위에 떨어뜨렸다.　　④ 돌을 쌓아 담을 만들었다
⑤ 그물을 풀어 독수리를 구했다.

추론하기
3 ㉠에서 짐작할 수 있는 농부의 마음에 ○표 하세요.

슬픈 마음	고마운 마음	부끄러
(1) (　)	(2) (　)	(3) (

비판하기
4 독수리의 행동에 대해 알맞게 말한 친구에게 ○표 하세요.

 (1) 자신을 구한 농부의 모자를 낚아채서 달
수리는 은혜를 모르는 동물이야.

 (2) 돌담이 무너지려는 것을 알고 농부를 구
자를 낚아채다니 독수리는 지혜롭구나.

'어떻게 읽을까'는 글을 읽어 나가는
방향을 알려 주는 길잡이예요. 글을
읽기 전에 먼저 살펴 두세요.

어려운 낱말은 낱말 풀이에 정리해
두었어요. 낱말의 뜻을 알아보며
읽어 보세요.

2 짧은 지문 독해 + 어휘력 퀴즈

독해 원리와 관련 있는 지문을
다시 한번 공부해요.

지문에 나온 낱말의 뜻과 쓰임,
어휘, 맞춤법을 퀴즈로 풀어 봐요.

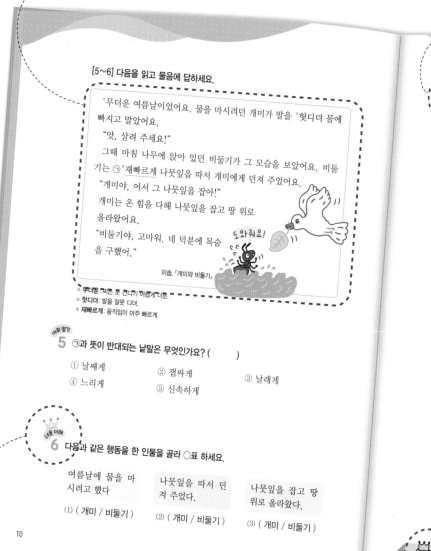

[5~6] 다음을 읽고 물음에 답하세요.

*무더운 여름날이었어요. 물을 마시려던 개미가 발을 *헛디뎌 물에
빠지고 말았어요.

"앗, 살려 주세요!"

그때 마침 나무에 앉아 있던 비둘기가 그 모습을 보았어요. 비둘
기는 ㉠*재빠르게 나뭇잎을 따서 개미에게 던져 주었어요.

"개미야, 어서 그 나뭇잎을 잡아!"

개미는 온 힘을 다해 나뭇잎을 잡고 땅 위로
올라왔어요.

도와줘요!

"비둘기야, 고마워. 네 덕분에 목숨
을 구했어."

이솝, 「개미와 비둘기」

* 무더운: 찌는 듯 견디기 어렵게 더운.
* 헛디뎌: 발을 잘못 디뎌.
* 재빠르게: 움직임이 아주 빠르게.

어휘 알기

5 ㉠과 뜻이 반대되는 낱말은 무엇인가요? (   )

① 날쌔게   ② 잽싸게   ③ 날래게

④ 느리게   ⑤ 신속하게

내용 이해

6 다음과 같은 행동을 한 인물을 골라 ○표 하세요.

여름날에 물을 마시려고 했다	나뭇잎을 따서 던져 주었다.	나뭇잎을 잡고 땅 위로 올라왔다.
(1) (개미 / 비둘기)	(2) (개미 / 비둘기)	(3) (개미 / 비둘기)

10

☆ 어휘력 팡팡

1 다음 뜻에 알맞은 낱말을 선으로 이으세요.

(1) 빵!
시끄럽고
떠들썩하다.

(2) 더위
찌는 듯 견디기
어렵게 덥다.

(3)
남의 물건을
빼앗거나 가...

㉮ 무덥다   ㉯ 요란하다   ㉰ 낚아채...

2 보기 처럼 나머지 셋을 포함하는 낱말에 색칠하세요.

보기
감나무	밤나무	벚나무	나무

(1)	개미	나비	곤충	벌
(2)	독수리	비둘기	까치	새
(3)	농부	직업	가수	의사

오늘 학습은 어땠나요? ☑해 보세요.   쉬움 ☐   보통 ☐   어려움 ☐

앞서 배운 독해 원리를
대표 유형 문제로 반복해서
연습해요.

오늘의 공부를 마친 뒤에는
독해 학습이 어땠는지
스스로 평가해요.

6가지 독해 문제 유형

내용 이해
　글에 나타난 정보나 사실 등을 이해하고 확인하는 문제 유형이에요. 글의 제목이나 중심 문장을 찾아보거나, 글쓴이의 의견과 까닭, 이야기 속에서 일어난 일을 찾는 문제가 주로 나와요. 글을 전체적으로 빠르게 훑어 보고, 문제와 관련 있는 부분은 좀 더 주의를 기울여 읽으면서 글의 내용을 파악해 보세요.

구조 알기
　글의 짜임을 파악하고 중요한 내용을 간추려 보는 문제 유형이에요. 각 문단의 내용을 파악해 전체 글의 구조를 이해하는 문제나 일이 일어난 차례를 알아보는 문제가 주로 나와요. 글을 읽을 때 간단한 그림이나 표로 정리해 보면, 대상을 비교하거나 글의 흐름을 파악하는 데 도움이 될 수 있어요.

추론 하기
　글의 내용을 바탕으로 글에 숨겨진 정보나 의미를 유추해 보는 문제 유형이에요. 생략된 내용을 추측하거나, 이야기 속 인물의 말과 행동을 통해 생각이나 성격을 짐작하는 문제가 주로 나와요. 글의 전체 내용을 이해하고, 앞뒤 문장이나 중심 낱말을 중점적으로 살펴보며 문제를 해결할 단서를 찾아보세요.

비판 하기
　글에 나오는 의견과 근거가 올바른지 판단하고 평가하는 문제 유형이에요. 글쓴이의 생각과 그 까닭이 타당한지 살펴보거나, 이야기 속 인물의 생각과 내 생각을 비교해 보는 문제가 주로 나와요. 글쓴이나 인물의 의견이 한쪽으로 치우치지 않는지, 까닭은 의견을 잘 뒷받침하고 있는지 꼼꼼하게 따져 보세요.

문제 해결
　글의 내용을 실제 생활에 적용해 보는 문제 유형이에요. 글쓴이가 겪은 일과 비슷한 경험을 찾는 문제가 주로 나와요. 글쓴이의 생각이나 이야기 속 인물의 마음이 잘 드러난 부분을 읽으며 자신의 경험을 떠올려 보거나, 다른 사람의 입장에 비추어 보는 과정을 통해 문제 상황을 이해하고 해결 방안을 찾을 수 있어요.

어휘 알기
　글을 읽으며 낱말을 살펴보고, 낱말의 정확한 뜻과 형태를 알아보는 문제 유형이에요. 낱말과 관용어, 속담의 의미를 물어보거나 비슷한말과 반대말 등 낱말 사이의 관계에 관한 문제가 주로 나오지요. 낱말의 올바른 뜻과 맞춤법을 익히는 것은 글을 빠르고 정확하게 이해하기 위한 기본 원리랍니다.

2단계 (초등 2~3학년)_과학

설명문 중심 문장과 뒷받침 문장 찾기

식물은 씨앗을 어떻게 퍼뜨릴까?

풀과 나무는 작은 씨앗에서 나와요. 씨앗에서 싹이 트면 곧바로 잎과 줄기를 내며 쑥쑥 자라지요. 그리고 자신과 같은 식물의 수를 늘리기 위해 또다시 씨앗을 만들어 널리 퍼뜨린답니다. 지금부터 식물이 씨앗을 어떻게 퍼뜨리는지 함께 알아볼까요?

어떻게 읽을까?
글쓴이가 무엇을 설명하고 있는지 각 문단의 중심 문장을 파악하며 읽어 봐.

우선, 씨앗이 바람을 타고 날아가는 방법이 있어요. 민들레나 *플라타너스의 씨앗에는 가벼운 *갓털이 달렸어요. 그래서 바람이 불면 하늘로 훌훌 날아올라요. 소나무나 단풍나무의 씨앗에도 날개가 달려 있어 바람을 타고 뱅글뱅글 돌며 날아간답니다.

㈎ 또 동물에게 먹혀서 씨앗이 퍼지는 방법도 있어요. 사과, 참외, 포도 등은 달콤한 열매 안에 씨앗이 들어 있어요. 동물이 열매를 먹을 때 씨앗도 함께 먹지요. 하지만 씨앗은 배 속에서 소화되지 않고, 동물의 똥에 섞여 몸 바깥으로 나와요. 동물이 이리저리 돌아다니다 똥을 누니까 씨앗도 멀리 퍼질 수 있지요.

㉠꼬투리가 터져서 씨앗이 퍼지기도 해요. ㉡꼬투리는 씨앗을 싸고 있는 껍질이에요. ㉢씨앗이 다 자라면 꼬투리가 바싹 마르면서 벌어져요. ㉣그러면 안에 들어 있던 씨앗이 밖으로 튀어 나가지요. ㉤콩, 팥, 나팔꽃, 제비꽃 등의 씨앗이 이 방법으로 퍼져요.

이 밖에도 씨앗이 동물의 털에 붙어서 멀리 가는 방법이 있어요. 물 위를 떠가는 방법, 빗물에 *휩쓸려 가는 방법, 개미에게 물려 가는 방법도 있지요. 식물이 씨앗을 퍼뜨리는 방법이 참 다양하지요?

▲ 민들레 씨앗

▲ 콩 씨앗

* **플라타너스**: 가을에 작고 동그란 열매가 열리는, 가로수로 많이 심는 나무.
* **갓털**: 열매의 끝부분에 붙어 있는 솜털 같은 것.
* **휩쓸려**: 물, 불, 바람 등에 모조리 휘몰아 쓸려.

1 다음 두 식물이 씨앗을 퍼뜨리는 방법은 무엇인가요? (   )

▲ 민들레 씨앗

▲ 단풍나무 씨앗

① 동물에게 먹히기   ② 물에 둥둥 떠가기

③ 개미에게 물려 가기   ④ 바람을 타고 날아가기

⑤ 꼬투리가 터질 때 튀어 나가기

2 ㈎의 내용을 대표하는 중심 문장은 무엇인가요? (   )

① 동물이 열매를 먹을 때 씨앗도 함께 먹지요.

② 또 동물에게 먹혀서 씨앗이 퍼지는 방법도 있어요.

③ 사과, 참외, 포도 등은 달콤한 열매 안에 씨앗이 들어 있어요.

④ 동물이 이리저리 돌아다니다 똥을 누니까 씨앗도 멀리 퍼질 수 있지요.

⑤ 하지만 씨앗은 배 속에서 소화가 되지 않고, 동물의 똥에 섞여 몸 바깥으로
   나와요.

 3 이 글에 대해 가장 알맞게 말한 친구에게 ○표 하세요.

(1) 씨앗들의 같은 점과 다른 점을 설명하고 있어.

(2) 씨앗을 퍼뜨리는 다양한 방법을 하나씩 설명하고 있어.

(3) 씨앗의 예를 들어 다양한 식물의 종류를 설명하고 있어.

4 나머지 낱말을 포함하는 낱말에 색칠하세요.

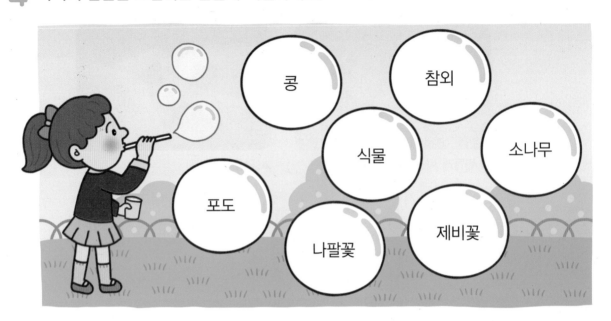

5 ㉠~㉤을 중심 문장과 뒷받침 문장으로 알맞게 나눈 것은 무엇인가요? (   )

	중심 문장	뒷받침 문장
①	㉠	㉡, ㉢, ㉣, ㉤
②	㉡	㉠, ㉢, ㉣, ㉤
③	㉠, ㉡	㉢, ㉣, ㉤
④	㉠, ㉡, ㉢	㉣, ㉤
⑤	㉠, ㉡, ㉢, ㉣	㉤

6 다음 문장에 어울리는 뒷받침 문장에 ○표 하세요.

> 씨앗이 동물의 털에 붙어서 멀리 가는 방법이 있어요.

(1) 식물은 씨앗을 퍼뜨리기 위해 다양한 방법을 사용해요.   (   )

(2) 땅에 떨어진 둥근 참나무 열매는 굴러서 먼 곳까지 퍼지지요.   (   )

(3) 도꼬마리 열매에는 갈고리 모양의 가시가 나 있어서 옷이나 털에 달라붙기 쉬워요.   (   )

1 다섯 고개에서 말하는 '이것'은 무엇인지 빈칸에 쓰세요.

첫 번째 고개
풀과 나무는 '이것'에서 나와요.

두 번째 고개
'이것'에서 싹이 트면 잎과 줄기를 뻗으며 자라요.

세 번째 고개
식물은 '이것'을 퍼뜨려 수를 늘려요.

네 번째 고개
식물은 '이것'을 여러 가지 방법으로 널리 퍼뜨려요.

다섯 번째 고개
'이것'의 첫소리는 'ㅆㅇ'이에요.

이것은 ◻◻◻◻ 이에요.

2 빈칸에 들어갈 알맞은 낱말을 선으로 이으세요.

(1) 양파 ◻◻ 을 까면 눈이 매워요.

껍질

(2) 소라 ◻◻ 에서 파도 소리가 나요.

(3) 달걀 ◻◻ 를 까서 알맹이만 먹어요.

껍데기

(4) 바나나 ◻◻ 에 미끄러졌어요.

논설문 글쓴이의 의견과 까닭 파악하기

좁고 답답한 실내 동물원

최근에 '실내 동물원'이라는 곳이 많이 생겼습니다. 실내에 *야생 동물을 가둬 두고, 구경하면서 먹이를 주거나 심지어 만질 수도 있게 하는 곳입니다. 저는 이런 실내 동물원이 있어서는 안 된다고 생각합니다.

실내에 갇혀 지내는 것은 야생 동물에게 큰 스트레스를 주기 때문입니다. 야생 동물은 자연에서 드넓은 숲과 들판을 *누비며 자유롭게 살아왔습니다. ㉠ 실내 동물원 안에서 지내는 야생 동물은 이런 자유를 모두 **빼앗긴** 채 좁고 답답한 곳에 갇혀 살아야 합니다.

실내 동물원에서 *예상치 못한 사고가 생길 수도 있습니다. 야생의 *습성이 남아 있는 동물은 갑자기 서로를 공격하거나 주변의 사람에게 상처를 입힐 수 있습니다. 또, 야생 동물에게만 있는 질병이 사람에게 옮겨 갈 위험도 있습니다.

무엇보다 생명체를 놀잇감으로 여기는 잘못된 생각을 심어 줄 수 있습니다. 실내 동물원에서는 사람들의 호기심과 재미를 위해 제멋대로 먹이를 주거나 인형을 만지듯이 야생 동물을 만질 수 있게 합니다. 이런 실내 동물원이 많아진다면 사람들은 점점 야생 동물을 심심할 때 갖고 노는 장난감처럼 여기게 될 것입니다.

야생 동물도 우리처럼 생명을 지닌 소중한 존재입니다. 마땅히 *존중하고 보호해야 합니다. 야생 동물과 사람 모두에게 위험한 실내 동물원은 우리 주변에서 사라져야 합니다.

어떻게 읽을까?
글쓴이가 실내 동물원에 대해 가지고 있는 의견과 까닭은 무엇인지 살피면서 읽어 봐.

* **야생 동물**: 산이나 들에서 저절로 나서 자라는 동물.
* **누비며**: 이리저리 거리낌 없이 다니거나 활동하며.
* **예상치**: 어떤 일이 일어날 것이라고 짐작하지.
* **습성**: 어떤 동물이 지닌 특별한 성질이나 생활 방식.
* **존중하고**: 높이어 귀중하게 대하고.

내용 이해

1 이 글에 나타난 글쓴이의 의견에 ○표 하세요.

(1) 실내 동물원에 자주 가야 한다. 　　　　　　　　　　　　(　　)

(2) 실내 동물원이 있어서는 안 된다. 　　　　　　　　　　　(　　)

(3) 야생 동물을 우리에 가두어서는 안 된다. 　　　　　　　(　　)

내용 이해

2 글쓴이의 의견에 대한 까닭이 <u>아닌</u> 것은 무엇인가요? (　　)

① 예상치 못한 사고가 생길 수 있다.

② 야생 동물에게 큰 스트레스를 준다.

③ 사람이 야생 동물에게 질병을 옮길 수 있다.

④ 야생 동물은 사람처럼 생명을 지닌 소중한 존재이다.

⑤ 생명체를 놀잇감으로 여기는 잘못된 생각을 심어 줄 수 있다.

추론하기

3 ㉠에 들어갈 알맞은 낱말은 무엇인가요? (　　)

① 마치　　　② 결코　　　③ 그리고　　　④ 하지만　　　⑤ 그래서

비판하기

4 글쓴이의 의견에 대해 알맞게 판단하여 말한 친구의 이름을 쓰세요.

> 수진: 글쓴이의 의견은 옳지 않아. 야생 동물은 생명을 지닌 소중한 존재
> 니까 실내 동물원에서 야생 동물을 잘 보호해 주어야 해.
>
> 유민: 글쓴이의 의견이 옳아. 야생 동물은 아무리 넓은 실내 동물원이라
> 도 감옥처럼 느낄 거야. 그러니 실내 동물원은 없어져야 해.

(　　　　　　)

돌고래 쇼를 *중단하고, 돌고래를 바다로 돌려보내 주세요!

넓은 바다를 수십 킬로미터씩 헤엄치는 돌고래에게 좁은 *수족관은 감옥과 같아요. 또 쇼를 펼칠 때 사람들이 지르는 *함성은 귀가 *예민한 돌고래에게 엄청난 고통을 주지요. 돌고래가 쇼를 하는 까닭은 죽은 물고기라도 얻어먹어서 굶어 죽지 않기 위해서예요.

우리에게 즐거움을 주는 돌고래 쇼. 하지만 정작 돌고래는 스트레스와 병으로 고통받고 있답니다.

국제 동물 보호 단체

* **중단하고**: 어떤 일을 중간에 멈추거나 그만두고.
* **수족관**: 적절한 물속 환경을 만들어 물에 사는 동물을 모아 놓고 기르는 시설.
* **함성**: 여러 사람이 함께 큰 소리로 외치거나 지르는 소리.
* **예민한**: 무엇인가를 느끼는 능력이 빠르고 뛰어난.

5 이 광고에 나타난 의견에 ○표 하세요.

(1) 돌고래 쇼를 중단해야 한다. ( )

(2) 돌고래 쇼를 볼 때에는 조용히 해야 한다. ( )

(3) 돌고래에게 즐거움을 주는 돌고래 쇼를 해야 한다. ( )

6 다음은 광고 속 의견에 대한 까닭이에요. 빈칸에 들어갈 알맞은 낱말을 쓰세요.

좁은 수족관은 돌고래에게 감옥과 같으며 돌고래 쇼는 귀가 예민한 돌고래에게 ☐☐ 을 준다.

1 가로 열쇠와 세로 열쇠에 알맞은 낱말을 빈칸에 쓰세요.

가로 열쇠

② 높이어 귀중하게 대하다.
　예 생명을 ○○○○.

⑤ 작은 이빨이 있고 주둥이가 가늘고 길며 머리가 좋아 훈련을 시키기도 하는 몸집이 작은 고래. 예 ○○○ 쇼.

⑦ 생명이 있는 물체. 예 과학자들은 화성에 ○○○가 사는지 연구하고 있다.

⑧ 위험하거나 곤란하지 않게 지키고 보살핌. 예 자연 ○○.

⑨ 이리저리 거리낌 없이 다니다.
　예 세계를 ○○○.

세로 열쇠

① 면이나 바닥 등의 면적이 작다.
　예 방이 ○○.

③ 어떤 일을 중간에 멈추거나 그만둠.
　예 판매를 ○○하다.

④ 예상하지 못하게 일어난 나쁜 일.
　예 갑작스러운 ○○가 일어났다.

⑤ 사람이나 물건을 본래 있던 곳으로 도로 가게 하다. 예 새를 숲으로 ○○○○○.

⑥ 산이나 들에서 저절로 나서 자람.
　예 ○○ 동물.

 오늘 학습은 어땠나요? ☑해 보세요. ◆ 　쉬움 ☐　　보통 ☐　　어려움 ☐

동시 시에 나타난 감각적 표현 알기

수박 이야기

정두리

"자, 수박이다!"
㉠초록 달 같은 수박 한 덩이
마루에 *오똑 앉았다

㉡톡톡, 툭툭
아직 멀었나?
속이 꽉 찼나?
두드리며 귀 기울인다

㉢쩌억,
*싱그런 소리
맛이 벌어지는 소리

입안에 가득차는
삼키기 *넉넉한
*달큼한 수박 물

㉣어느새 입술 위에
점으로 앉은 까아만 씨앗.

* **오똑**: 작은 물건이 도드라지게 높이 솟아 있는 모양.
* **싱그런**: 싱싱하고 맑은 향기가 있는. '싱그러운'이 올바른 표현임.
* **넉넉한**: 크기나 수 등이 적거나 부족하지 않고 충분한.
* **달큼한**: 감칠맛이 있게 꽤 단.

1 이 시의 글감은 무엇인지 찾아 쓰세요.

(   )

2 ㉠처럼 표현한 까닭으로 알맞은 것에 ○표 하세요.

(1) 달이 뜬 밤에 수박을 먹었기 때문이다. ( )

(2) 수박과 달이 똑같이 초록색이기 때문이다. ( )

(3) 초록색 수박이 달처럼 크고 둥그런 모양이기 때문이다. ( )

3 ㉡와 ㉢이 표현하는 것을 보기 에서 골라 기호를 쓰세요.

> 보기   ㉮ 수박을 먹을 때 나는 소리.
> ㉯ 수박을 반으로 쪼개는 소리.
> ㉰ 수박을 줄기에서 딸 때 나는 소리.
> ㉱ 수박을 손으로 두드릴 때 나는 소리.

(1) ㉡ : (   )   (2) ㉢ : (   )

4 ㉣에서 떠올린 모습으로 알맞은 것에 ○표 하세요.

(1) (   )   (2) (   )   (3) (   )

[5~6] 다음을 읽고 물음에 답하세요.

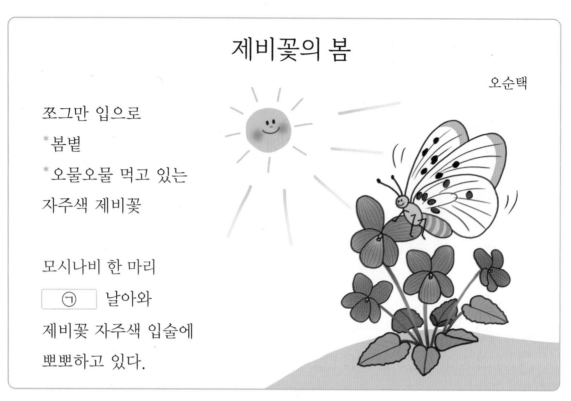

제비꽃의 봄

오순택

쪼그만 입으로
*봄볕
*오물오물 먹고 있는
자주색 제비꽃

모시나비 한 마리
☐㉠☐ 날아와
제비꽃 자주색 입술에
뽀뽀하고 있다.

＊ **봄볕**: 봄에 내리쬐는 따뜻한 햇볕.
＊ **오물오물**: 음식물을 입 안에 넣고 입을 다문 채 조금씩 자꾸 씹는 모양.

5 이 시에 대한 설명으로 알맞으면 ○표, 알맞지 <u>않으면</u> ✕표 하세요.

(1) 1연에서 '쪼그만 입'은 제비꽃의 꽃잎을 뜻한다. ( )
(2) 2연에서 '자주색 입술'은 모시나비의 날개를 뜻한다. ( )
(3) 1연은 제비꽃이 봄볕에 시든 모습을 생생하게 표현했다. ( )
(4) 2연은 모시나비가 제비꽃에 앉은 모습을 실감 나게 표현했다. ( )

6 ㉠에 들어갈 알맞은 낱말에 ○표 하세요.

사각사각	사뿐사뿐	어슬렁어슬렁
(1) ( )	(2) ( )	(3) ( )

1 첫소리를 참고해 빈칸에 들어갈 알맞은 낱말을 쓰세요.

(1) 아빠 옆모습을 보니, 코가 ☐☐ 서 있었다.

ㅇ ㄸ

(2) 봄이 오자 따사로운 ☐☐이 꽃밭에 내리쬐었다.

ㅂ ㅂ

(3) 이른 아침에 공원을 달리니 얼굴을 스치는 바람이 ☐☐☐☐.

ㅅ ㄱ ㄹ ㄷ

2 밑줄 친 낱말과 바꾸어 쓸 수 있는 낱말에 색칠하세요.

(1) 염소가 오물오물 풀을 먹고 있다.

우물우물   오도독오도독

(2) 연우는 시간이 넉넉해서 느긋하게 걸어갔다.

빠듯해서   충분해서

(3) 동생과 고구마를 구워 먹었더니 달큼해서 맛있었다.

시큼해서   달콤해서

오늘 학습은 어땠나요? ✓해 보세요.   쉬움☐   보통☐   어려움☐

설명문 대상의 같은 점과 다른 점 알기

지구와 달

▲ 지구와 달

어떻게 읽을까?
지구와 달의 같은 점과 다른 점은 무엇인지 하나씩 정리하면서 읽어 봐.

　지구에서 밤하늘을 올려다보면 달을 볼 수 있어요. 달이 늘 지구 둘레를 돌고 있기 때문이지요. 지구와 달은 떼려야 뗄 수 없는 사이랍니다. 지구와 달은 어떤 점이 같고, 어떤 점이 다를까요?

　지구와 달은 둘 다 둥근 모양으로, *표면에 높고 낮은 *지형이 있어요. 지구 표면에 산과 바다가 있는 것처럼 달 표면에도 우뚝 솟은 곳과 깊고 넓은 곳이 있답니다. 지구와 달이 스스로 빛을 내지 못한다는 점도 같아요. 밤에 달이 밝게 빛나지 않느냐고요? 그건 달이 스스로 빛을 내는 것이 아니에요. 태양 빛을 받아서 밝게 보이는 것뿐이지요.

　그럼 지구와 달의 다른 점은 무엇일까요? 우선 지구가 달보다 훨씬 커요. 우주에서 바라볼 때의 　ㄱ　 도 다르지요. 지구는 파란 바다와 갈색 땅, 하얀 구름 등이 보이지만, 달은 전체적으로 회색빛이에요.

　둘의 다른 점은 또 있어요. 지구에는 물과 공기가 있고, 온도가 *적절해서 생명체가 살 수 있어요. 하지만 달에는 물과 공기가 없어요. 낮에는 온도가 130*℃까지 올라가서 너무 덥고, 밤에는 온도가 *영하 170℃까지 내려가서 너무 춥지요. 그래서 달에는 생명체가 살 수 없어요.

　표면: 사물의 가장 바깥쪽.
　지형: 땅의 생긴 모양.
　적절해서: 아주 딱 알맞아서.
　℃: 온도를 재는 단위로, 물이 어는 온도를 0, 끓는 온도를 100으로 하여 그 사이를 100등분 한 것.
　영하: 온도계에서 0℃ 이하의 온도.

내용 이해

1 지구와 달의 같은 점에 모두 ○표 하세요.

(1) 모양이 둥글다.　　　　　　　　(　　)

(2) 스스로 빛을 낸다.　　　　　　　(　　)

(3) 표면에 높고 낮은 지형이 있다.　(　　)

내용 이해

2 다음은 지구와 달의 다른 점이에요. (　) 안에 들어갈 알맞은 낱말에 ○표 하세요.

- 지구가 달보다 (1) (작다 / 크다).
- 지구에는 물과 공기가 (2) (있고 / 없고), 달에는 물과 공기가 (3) (있다 / 없다).
- 지구에는 생명체가 살아갈 수 (4) (있고 / 없고), 달에는 생명체가 살아갈 수 (5) (있다 / 없다).

추론하기

3 ㉠에 들어갈 알맞은 낱말은 무엇인가요? (　　)

① 크기　　　② 모양　　　③ 색깔　　　④ 두께　　　⑤ 무게

비판하기

4 이 글에서 새롭게 알게 된 내용을 알맞게 말한 친구에게 ○표 하세요.

(1) 지구와 달이 어떤 차이가 있는지 알게 됐어.

(2) 지구와 달이 어떻게 생겨났는지 자세히 알게 되었어.

지구와 [㉠]

태양의 둘레를 도는 *행성들 가운데 지구와 가장 비슷한 행성은 무엇일까요? 바로 화성이에요. 지구에 지형이 있는 것처럼 화성에도 지형이 있어요. 지구에 계절이 있듯이 화성에서도 계절의 변화가 *뚜렷하게 나타나지요. 지구와 화성은 공기가 있다는 점도 닮았어요. 또, 지구가 달이라는 *위성을 갖고 있듯이 화성도 위성을 갖고 있어요.

그러나 살펴보면 다른 점도 많아요. 화성은 표면 온도가 낮아서 지구에 비해 매우 추워요. 화성에도 공기가 있지만, 지구보다 공기의 양이 훨씬 적지요. 지구의 위성은 달 하나이지만, 화성의 둘레를 도는 위성은 두 개랍니다.

* **행성**: 중심 별의 주위를 도는 천체. 천체란 우주에 있는 모든 물체를 말함.
* **뚜렷하게**: 흐리지 않고 아주 분명하게.
* **위성**: 행성의 둘레를 도는 천체.

내용 이해

5 ㉠에 들어갈 알맞은 낱말은 무엇인가요? (   )

① 달   ② 태양   ③ 화성   ④ 행성   ⑤ 위성

구조 알기

6 다음은 이 글의 내용을 간추린 것이에요. 빈칸에 들어갈 알맞은 낱말을 쓰세요.

> 지구와 화성은 지형, 공기가 있다는 것과 ☐☐의 변화가 나타난다는
> 점이 같다. 그러나 화성은 지구보다 더 춥고 ☐☐의 양이 훨씬 적다.
> 지구의 위성은 하나이지만, 화성의 위성은 ☐ 개라는 점도 다르다.

1 빈칸에 들어갈 알맞은 글자를 암호 카드에서 찾아 쓰세요. 그리고 낱말에 알맞은 뜻을 선으로 이으세요.

★	◆	♤	♥	♣	☆	▲	♧	♠
행	지	위	재	성	형	면	태	표

(1)

㉮

땅의 생긴 모양.

(2)

㉯

사물의 가장 바깥쪽.

(3)

㉰

행성의 둘레를 도는 천체.

(4)

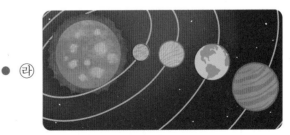
㉱

중심 별의 주위를 도는 천체.

오늘 학습은 어땠나요? ☑해 보세요.   쉬움☐   보통☐   어려움☐

관찰 기록문 일의 차례에 따라 정리하기

㉠ 의 한살이

오늘 장수풍뎅이 알을 처음 보았다. 장수풍뎅이 알은 하얗고 둥근 모양이었다. 크기는 약 3밀리미터로 아주 작았다. 커다란 장수풍뎅이의 알이 이렇게 작다는 것이 놀라웠다.

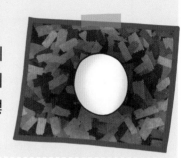

2주 정도 지나자, 장수풍뎅이 *애벌레가 알에서 나왔다. 애벌레는 꼬물꼬물 작은 몸을 움직여 알 껍질을 벗었다. *갓 태어난 애벌레의 크기는 1센티미터도 되지 않았다. 알에서 애벌레가 나오는 모습을 보니 무척 신기했다.

애벌레가 나온 지 한 달이 지났다. 그사이 장수풍뎅이 애벌레는 *부엽토를 먹으며 무럭무럭 자랐고, *허물을 두 번이나 벗었다. 이제 애벌레는 몸길이가 8센티미터나 될 정도로 커졌다. 혼자서도 잘 자라는 애벌레가 참 기특하다.

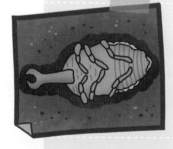

큰 애벌레는 다섯 달이 지난 뒤, 허물을 벗고 *번데기가 되었다. 번데기가 된 뒤로는 부엽토를 먹지도 않고, 똥을 누지도 않는다. ㉡움직이지 않고 가만히 있으니, 혹시 잘못되면 어쩌나 하는 생각이 든다.

번데기가 된 지 20일 만에 허물을 벗고 장수풍뎅이가 나왔다. 장수풍뎅이는 천천히 허물을 벗었다. 시간이 흐르자 몸 빛깔이 연한 갈색에서 짙은 밤색으로 변했다. 장수풍뎅이가 무사히 어른벌레가 되어서 뛸 듯이 기쁘다.

*애벌레: 알에서 나와 다 자라지 않은 벌레.
*갓: 이제 막.
*부엽토: 풀이나 낙엽 등이 썩어서 된 흙.
*허물: 파충류나 곤충이 자라면서 벗는 껍질.
*번데기: 곤충의 애벌레가 어른벌레가 되기 전에 한동안 아무것도 먹지 않고 껍질 속에 가만히 들어 있는 몸.

내용 이해

1 이 글은 무엇을 관찰한 글인지 ㉠에 들어갈 알맞은 낱말을 쓰세요.

(   )

내용 이해

2 이 글의 내용으로 알맞으면 ○표, 알맞지 <u>않으면</u> ✕표 하세요.

(1) 장수풍뎅이 알은 하얗고 둥근 모양이다.   (   )

(2) 장수풍뎅이 애벌레는 부엽토를 먹으며 자랐다.   (   )

(3) 장수풍뎅이 번데기는 부엽토를 먹지 않았지만 똥을 누었다.   (   )

구조 알기

3 다음 중 가장 <u>먼저</u> 일어난 일은 무엇인가요? (   )

① 번데기에서 장수풍뎅이가 나온 일

② 장수풍뎅이 애벌레가 번데기가 된 일

③ 알에서 장수풍뎅이 애벌레가 나온 일

④ 글쓴이가 장수풍뎅이의 알을 처음 본 일

⑤ 장수풍뎅이 애벌레가 8센티미터나 될 정도로 자란 일

추론하기

4 ㉡에서 알 수 있는 글쓴이의 마음에 ○표 하세요.

즐거운 마음	서글픈 마음	걱정스러운 마음
(1) ( )	(2) ( )	(3) ( )

5 장수풍뎅이의 한살이에 맞게 차례대로 기호를 쓰세요.

(   ) ➡ (   ) ➡ (   ) ➡ (   ) ➡ (   )

6 이 글에서 시간을 나타내는 말을 모두 고르세요. (   )

① 2주   ② 두 번   ③ 한 달   ④ 무사히   ⑤ 3밀리미터

7 글쓴이가 겪은 일과 그때 들었던 마음을 선으로 이으세요.

(1) 장수풍뎅이의 알을 처음 보았을 때   •

• ㉮ 기쁘다

(2) 혼자서도 잘 자라는 장수풍뎅이 애벌레를 보았을 때   •

• ㉯ 놀랍다

(3) 장수풍뎅이 번데기가 어른 벌레가 된 모습을 보았을 때   •

• ㉰ 기특하다

1 다음 뜻에 알맞은 낱말을 글자 카드에서 찾아 빈칸에 쓰세요. (글자 카드는 여러 번 쓸 수 있어요.)

어	기	허
레	벌	데
물	애	른

(1) 다 자란 곤충. ➡ ☐ ☐ ☐ ☐

(2) 알에서 나와 다 자라지 않은 벌레. ➡ ☐ ☐ ☐

(3) 파충류나 곤충이 자라면서 벗는 껍질. ➡ ☐ ☐

2 빈칸에 들어갈 알맞은 낱말에 모두 색칠하세요.

(1) 집안일을 돕는 어린 동생이 ☐ .

기특하다

대견하다

지루하다

(2) 엄마가 ☐ 만든 음식은 따뜻해서 맛있다.

갓

어제

금방

독서 감상문 독서 감상문의 내용 알기

『침팬지의 친구, 제인 구달』을 읽고

㈎ 오늘 『침팬지의 친구, 제인 구달』이라는 책을 읽었다. 언니가 "동물을 좋아하는 너라면 재미있게 읽을 수 있을 거야." 하며 *추천해 주었기 때문이다.

㈏ 『침팬지의 친구, 제인 구달』은 50년 넘게 침팬지를 연구한 제인 구달에 관한 이야기이다. 제인 구달은 침팬지를 연구하러 위험을 *무릅쓰고 아프리카의 *정글로 들어갔다. 하지만 처음에는 침팬지를 만날 수조차 없었다. 야생 침팬지들이 사람을 피했기 때문이다. 제인 구달은 포기하지 않고 계속 침팬지들을 찾아갔고, 마침내 침팬지들과 친구가 되었다.

㈐ 제인 구달은 침팬지들과 가까이 지내면서 침팬지에 관한 놀라운 사실을 알아냈다. 침팬지가 사람처럼 *도구를 사용한다는 것, 새끼 침팬지가 가족을 잃으면 다른 침팬지가 가족이 되어 제 자식처럼 돌봐 준다는 것이다. 이 외에도 책에는 침팬지가 앞발을 인간의 손처럼 사용하고, 땅 위를 두 발 또는 네 발로 걸어 다니며, 나무 위에서도 많은 시간을 보낸다는 등 침팬지에 관한 정보가 가득 담겨 있었다.

㈑ 나는 이 책을 읽고 침팬지가 무척 *영리하며 인간과 많이 닮았다는 것을 알게 되었다. 또, 갖가지 어려움을 겪으면서도 50년 넘게 침팬지를 연구한 제인 구달이 대단하다고 느꼈다. 무엇보다 제인 구달이 침팬지를 사랑하게 된 것처럼 나도 침팬지가 좋아졌다.

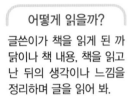

어떻게 읽을까?
글쓴이가 책을 읽게 된 까닭이나 책 내용, 책을 읽고 난 뒤의 생각이나 느낌을 정리하며 글을 읽어 봐.

* **추천해**: 어떤 일에 알맞은 사람이나 물건을 믿고 소개해.
* **무릅쓰고**: 힘들고 어려운 일이나 상황을 참고 견디고.
* **정글**: 큰 나무들이 빽빽하게 들어선 크고 깊은 숲.
* **도구**: 일을 할 때 쓰는 물건을 통틀어 이르는 말.
* **영리하며**: 눈치가 빠르고 똑똑하며.

구조 알기

1 다음 빈칸에 들어갈 알맞은 낱말은 무엇인가요? (　　　)

> 이 글은 『침팬지의 친구, 제인 구달』이라는 책을 읽고 쓴 [　　　] 이다.

① 설명문　　　　　② 편지글　　　　　③ 관찰 기록문
④ 견학 기록문　　　⑤ 독서 감상문

내용 이해

2 글쓴이가 읽은 책 내용으로 알맞으면 ○표, 알맞지 않으면 ✕표 하세요.

(1) 제인 구달은 50년 넘게 침팬지에 관한 연구를 했다.　　　　　(　　　)

(2) 제인 구달은 정글로 들어가자마자 침팬지들과 친구가 되었다.　(　　　)

(3) 침팬지는 두 발로 걸어 다닐 수 있기 때문에 땅에서만 생활한다.　(　　　)

구조 알기

3 다음 내용이 들어 있는 문단의 기호를 쓰세요.

(1) 책을 읽게 된 까닭	(　　　　　)
(2) 책 내용	(　　　　　)
(3) 책을 읽고 난 뒤의 생각이나 느낌	(　　　　　)

내용 이해

4 글쓴이가 책을 읽고 난 뒤에 느꼈던 생각이나 느낌이 <u>아닌</u> 것에 ○표 하세요.

(1) 침팬지를 좋아하게 되었다.　　　　　　　　　　　　　　　　(　　　)

(2) 50년 넘게 침팬지를 연구한 제인 구달이 대단하다고 느꼈다.　(　　　)

(3) 침팬지가 영리하지만 인간과는 많이 다르다는 것을 깨달았다.　(　　　)

[5~6] 다음을 읽고 물음에 답하세요.

*독자 리뷰 『꿀벌 마야의 모험』을 읽고

파란2래 / 2000.01.21 평점 ★★★★★

(가) 책 표지를 보고 꿀벌인 마야가 어떤 *모험을 했는지 궁금해서 책을 펼치게 되었다.

(나) 마야는 *호기심이 많은 어린 꿀벌이다. 꿀을 모으기 위해 처음으로 밖으로 나온 날, 마야는 아름다운 세상을 보고 여행을 떠나기로 결심한다. 그러고는 곳곳을 돌아다니며 여러 곤충을 만나고, 그들과 친구가 된다.

(다) 나는『꿀벌 마야의 모험』을 읽고, 마야가 무척 용감하다고 생각했다. 또, 호기심 많은 마야의 모습이 나와 똑 닮았다고 느꼈다. 나도 나중에 마야처럼 여행을 하며 친구를 많이 사귀고 세상에 대해서 알고 싶다.

＊ **독자 리뷰**: 읽은 책에 대해 전체를 대강 살펴보거나 중요한 내용 또는 줄거리를 추려 쓴 글.
＊ **모험**: 위험을 무릅쓰고 어떤 일을 함.
＊ **호기심**: 새롭고 신기한 것을 좋아하거나 모르는 것을 알고 싶어 하는 마음.

5 글쓴이가 『꿀벌 마야의 모험』을 읽게 된 까닭에 ○표 하세요.

꿀벌에 대해 자세히 알고 싶어서	꿀벌인 마야가 나와 똑 닮았다고 느껴서	꿀벌인 마야가 어떤 모험을 했는지 궁금해서
(1) ( )	(2) ( )	(3) ( )

6 (가)~(다) 중 책을 읽고 난 뒤의 생각이나 느낌을 쓴 문단의 기호를 쓰세요.

(   )

1 첫소리를 참고해 다음 뜻에 알맞은 낱말을 빈칸에 쓰세요.

(1)

ㅈ ㄱ

큰 나무들이
빽빽하게 들어선 깊은 숲.

(2)

ㄷ ㄱ

일을 할 때 쓰는 물건을
통틀어 이르는 말.

(3)

ㅊ ㅊ

어떤 일에 알맞은 사람이나
물건을 믿고 소개함.

2 다음 낱말의 반대말을 선으로 이으세요.

(1) 많다
(2) 피하다
(3) 사랑하다
(4) 영리하다

적다 　 맞서다 　 어리석다 　 미워하다

오늘 학습은 어땠나요? ✔해 보세요.　　쉬움☐　　보통☐　　어려움☐

31

고전 문학 인물의 성격 파악하기

정글 북

아기는 새끼 늑대들을 *비집고 엄마 늑대의 품을 파고들었어요. 그러고는 엄마 늑대의 젖을 빨아 먹기 시작했지요.

"어머! 아기가 내 젖을 먹고 있어요. 늑대가 사람 아기를 키웠다는 말을 들어 본 적 있어요?"

"들어 보긴 했어. 하지만 우리 무리에서는 그런 일이 없었지. 이 아기는 우리가 무섭지 않은가 보군."

아빠 늑대가 말했어요. 그때, 동굴을 비추던 달빛이 사라졌어요. 호랑이 시어 칸이 동굴 안으로 어깨를 들이민 거예요. 뒤에서 자칼 타바키가 *알랑거리며 *고자질하는 소리가 들렸어요.

"시어 칸님, 아기가 이 동굴로 들어갔습니다."

아빠 늑대는 날카로운 눈빛으로 시어 칸에게 물었어요.

"무슨 일로 왔지?"

"내 사냥감을 찾으러 왔다, 부모는 달아났으니 아기를 내놓아라!"

시어 칸은 잔뜩 화가 난 얼굴이었어요. 사람을 잡아먹으려고 달려들었다가 *모닥불에 발을 데었거든요. 아빠 늑대는 시어 칸에게 말했어요.

"우리 늑대는 *우두머리의 명령만 따른다. ㉠가축이나 잡아먹는 줄무늬 동물의 명령 따위는 따르지 않아."

"뭐라고? 감히 내 먹이를 가로채려는 거냐? 나는 시어 칸이다!"

호랑이의 성난 목소리가 동굴 안에 쩌렁쩌렁 울려 퍼졌어요.

러디어드 키플링, 「정글 북」

어떻게 읽을까?
이야기에 나오는 인물의 말과 행동을 살펴 어떤 성격인지 짐작하며 읽어 봐.

* **비집고**: 좁은 틈을 헤쳐서 넓혀.
* **알랑거리며**: 남에게 잘 보이려고 자꾸 꾸며서 말하거나 행동하며.
* **고자질하는**: 남의 잘못이나 비밀을 일러바치는.
* **모닥불**: 낙엽이나 나뭇가지 등을 모아 피우는 불.
* **우두머리**: 한 무리를 이끄는 가장 높은 사람.

내용 이해

1 이 글의 내용으로 알맞으면 ○표, 알맞지 <u>않으면</u> ✕표 하세요.

(1) 아기가 엄마 늑대의 젖을 먹었다.   (   )

(2) 아기는 아빠 늑대와 엄마 늑대를 무서워했다.   (   )

(3) 시어 칸이 아빠 늑대에게 아기를 내놓으라고 했다.   (   )

추론하기

2 '타바키'와 '시어 칸'의 성격은 어떠한지 **보기**에서 찾아 쓰세요.

> | **보기** | 사납다 | 상냥하다 | 비굴하다 | 용감하다 |

(1) 타바키의 성격: (   )
(2) 시어 칸의 성격: (   )

내용 이해

3 ㉠이 가리키는 인물은 누구인가요? (   )

① 아기   ② 타바키   ③ 시어 칸
④ 엄마 늑대   ⑤ 아빠 늑대

구조 알기

4 이 글에 대해 알맞게 말한 친구에게 ○표 하세요.

(1) 말과 행동으로 인물들의 성격을 드러내고 있어.

(2) 일이 벌어지는 장소가 바뀌는 것을 알려 주고 있어.

(3) 글쓴이가 직접 인물들의 성격을 하나하나 말해 주고 있어.

엄마 늑대는 새끼 늑대들과 아기를 떼어 놓고 자리에서 일어섰어요. 달처럼 빛나는 눈으로 호랑이를 똑바로 노려보며 말했지요.

"그게 어쨌다는 거지? 이 아기는 시어 칸이든 뭐든 그 누구도 죽일 수 없어. 살아서 우리와 함께 뛰어다니고 사냥을 하게 될 거야. 너 같은 호랑이를 잡는 *늠름한 사냥꾼으로 키울 테다. 그러니 썩 물러가!"

시어 칸은 엄마 늑대와 싸우면 안 된다는 것을 알았어요. 엄마 늑대가 죽기를 *각오하고 싸울 게 눈에 보였거든요. 시어 칸은 으르렁거리며 물러났지요.

러디어드 키플링, 『정글 북』

* **늠름한**: 생김새나 태도가 의젓하고 당당한.
* **각오하고**: 힘들고 어려운 일을 앞에 두고 마음을 단단히 다지고.

5 엄마 늑대의 성격은 어떠한가요? (　　　　)

① 온순하다.　　　　② 용감하다.　　　　③ 쾌활하다.
④ 게으르다.　　　　⑤ 욕심이 많다.

6 이 글을 읽고 떠올린 장면으로 알맞지 <u>않은</u> 것에 ○표 하세요.

(1) 엄마 늑대가 시어 칸을 노려보는 모습　　　　　　　　　　(　　　)

(2) 시어 칸이 화난 얼굴로 물러나는 모습　　　　　　　　　　(　　　)

(3) 엄마 늑대가 시어 칸과 싸우다 죽는 모습　　　　　　　　　(　　　)

1 다음 뜻에 이어진 길을 따라가 빈칸에 들어갈 알맞은 글자를 쓰세요.

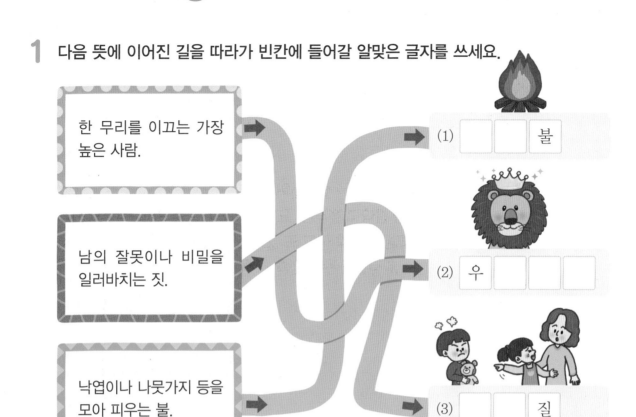

한 무리를 이끄는 가장 높은 사람.

남의 잘못이나 비밀을 일러바치는 짓.

낙엽이나 나뭇가지 등을 모아 피우는 불.

(1) ☐ ☐ 불

(2) 우 ☐ ☐ ☐

(3) ☐ ☐ 질

2 성격을 나타내는 낱말에 모두 색칠하세요.

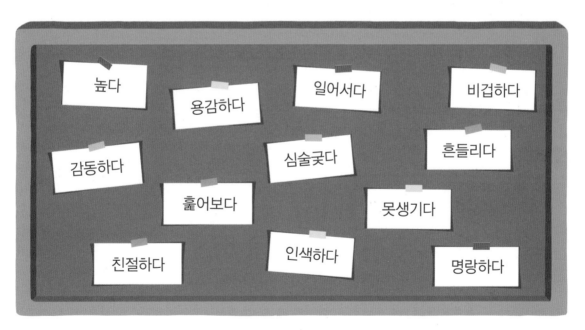

높다

용감하다

일어서다

비겁하다

감동하다

심술궂다

흔들리다

훑어보다

못생기다

친절하다

인색하다

명랑하다

오늘 학습은 어땠나요? ✔ 해 보세요.   쉬움 ☐   보통 ☐   어려움 ☐

설명문 문단의 중심 내용 파악하기

초음파를 이용하는 동물들

*초음파는 사람이 들을 수 없는 아주 높은 소리예요. 그런데 박쥐와 돌고래 같은 일부 동물은 초음파를 들을 수 있어요. 또, 직접 초음파를 내서 다양하게 이용하지요. 이 동물들은 어떻게 초음파를 이용할까요?

(가) 우선, 어둠 속에서 *장애물을 피하고 길을 찾는 데 초음파를 이용해요. 박쥐는 주로 어두운 동굴에서 살아요. 돌고래가 사는 바다도 조금만 깊이 들어가면 햇빛이 닿지 않아서 어둑하지요. 박쥐와 돌고래는 이렇게 앞이 잘 보이지 않는 곳에서 초음파를 쏘아 보내요. 초음파가 물체에 부딪쳐서 되돌아오는 소리를 듣고, 장애물을 피해 길을 찾지요.

초음파는 먹이를 잡을 때도 *유용하게 쓰여요. 박쥐는 먹잇감이 어디에 있는지, 어느 방향으로 움직이는지 알아내기 위해 초음파를 여러 번 쏘아요. 초음파로 정확한 위치를 찾아내 사냥을 하는 거예요. 돌고래는 초음파로 먹이를 찾을 뿐만 아니라, 아주 강한 초음파를 내서 먹이인 물고기를 *기절시키기도 한답니다.

㉠박쥐와 돌고래는 *의사소통을 할 때도 초음파를 이용해요. ㉡박쥐는 적이 나타나면 친구에게 조심하라는 신호를 보내요. ㉢반면에 먹이를 두고 다툴 때에는 초음파를 내서 서로를 방해하기도 하지요. ㉣돌고래도 초음파를 내서 멀리 있는 가족이나 친구를 부르고 대화를 해요. ㉤여럿이 힘을 합해 사냥할 때면 초음파로 연락을 주고받지요.

어떻게 읽을까?
각 문단에서 글쓴이가 설명하는 중요한 내용이 무엇인지 찾으면서 읽어 봐.

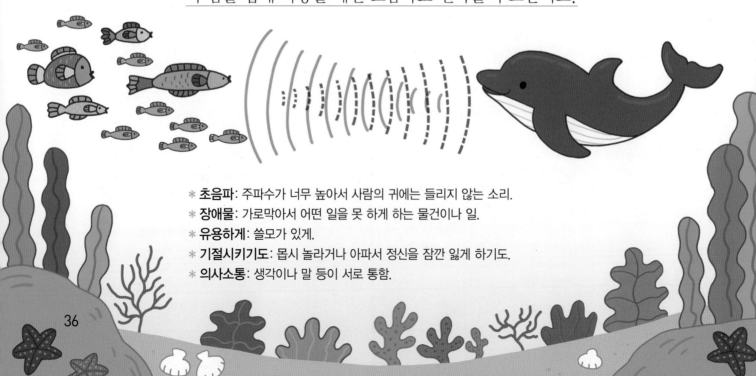

＊ **초음파**: 주파수가 너무 높아서 사람의 귀에는 들리지 않는 소리.
＊ **장애물**: 가로막아서 어떤 일을 못 하게 하는 물건이나 일.
＊ **유용하게**: 쓸모가 있게.
＊ **기절시키기도**: 몹시 놀라거나 아파서 정신을 잠깐 잃게 하기도.
＊ **의사소통**: 생각이나 말 등이 서로 통함.

내용 이해

1 이 글의 내용으로 알맞지 <u>않은</u> 것에 ○표 하세요.

(1) 초음파는 사람이 들을 수 없는 아주 높은 소리이다. 　　　　　　　　(　　)

(2) 박쥐와 돌고래는 먹이를 잡을 때 초음파를 이용한다. 　　　　　　　　(　　)

(3) 박쥐와 돌고래를 포함해 모든 동물이 초음파를 낼 수 있다. 　　　　　(　　)

내용 이해

2 (가)의 중심 내용을 알맞게 말한 친구에게 ○표 하세요.

 (1) 박쥐는 주로 어두운 동굴에 살아.

 (2) 돌고래가 사는 바다는 조금만 깊이 들어가면 햇빛이 닿지 않아서 어둑하지.

 (3) 박쥐와 돌고래는 어둠 속에서 초음파를 이용해 장애물을 피하고 길을 찾아.

내용 이해

3 ㉠~㉢을 중심 문장과 뒷받침 문장으로 나누어 기호를 쓰세요.

(1) 중심 문장: (　　　　　　　　) 　　(2) 뒷받침 문장: (　　　　　　　　)

비판하기

4 이 글을 읽고 새롭게 알게 된 내용을 알맞게 말한 친구의 이름을 쓰세요.

> 지민: 동물들이 내는 초음파를 이용한 과학 기술에 대해 알았어.
>
> 시연: 초음파의 뜻과 동물들이 초음파를 어디에 이용하는지 자세히 알게 됐어.

(　　　　　　)

초음파로 적을 피하는 나방

㉠곤충을 잡아먹는 박쥐가 가장 좋아하는 먹잇감은 나방이야. ㉡나방은 박쥐의 공격에서 살아남으려고 자신만의 무기를 만들었는데, 그중 하나가 초음파란다. ㉢몇몇 종류의 나방은 박쥐처럼 초음파를 낼 수 있어. 박쥐는 초음파를 내보내 *반사되는 초음파를 듣고 나방의 위치를 알아내잖아? ㉣그래서 박쥐가 초음파를 쏘면, 나방도 *방해되는 초음파를 쏘아서 박쥐가 자신의 위치를 알 수 없게 만드는 거지. ㉤이렇게 나방은 적으로부터 자신을 지키기 위해 초음파를 이용한단다.

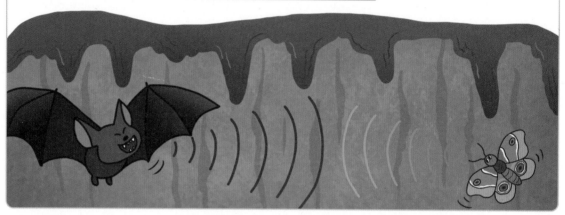

＊ **반사되는**: 빛이나 소리 같은 것이 물체의 표면에 부딪혀서 나아가던 방향이 반대로 바뀌는.
＊ **방해되는**: 어떠한 일이 간섭받고 막혀 해를 입는.

내용 이해

5 이 글의 내용으로 알맞으면 ○표, 알맞지 <u>않으면</u> ✕표 하세요.

(1) 몇몇 종류의 나방은 초음파를 낼 수 있다. ( )

(2) 나방은 먹이를 찾기 위해 초음파를 이용한다. ( )

(3) 곤충을 잡아먹는 박쥐가 가장 좋아하는 먹잇감은 나방이다. ( )

내용 이해

6 ㉠~㉤ 중 이 글의 중심 문장은 무엇인가요? ( )

① ㉠　　　② ㉡　　　③ ㉢　　　④ ㉣　　　⑤ ㉤

1 낱말에 알맞은 뜻을 선으로 이으세요.

(1)

장애물

● ㉮ 생각이나 말 등이 서로 통함.

(2)

초음파

● ㉯ 가로막아서 어떤 일을 못 하게 하는 물건이나 일.

(3)

의사소통

● ㉰ 주파수가 너무 높아서 사람의 귀에는 들리지 않는 소리.

2 빈칸에 공통으로 들어갈 낱말에 ○표 하세요.

도서관에 가는 □이니?

응, 어젯밤에 눈이 와서 □이 미끄럽네.

난 매일 비행기를 볼 수 있어. 우리 동네는 비행기가 지나는 □에 있거든.

정말? 그런데 확인할 □이 없네.

(방 / 길 / 손)

오늘 학습은 어땠나요? ☑해 보세요.   쉬움 ☐   보통 ☐   어려움 ☐

논설문 글쓴이의 의견이 알맞은지 판단하기

에너지를 아껴 쓰자!

사람들은 에너지를 이용해 집을 따뜻하게 하고, 텔레비전을 켜고, 자동차를 몰고 다닙니다. 더욱 편리하게 생활하기 위해 점점 더 많은 에너지를 쓰고 있지요. 하지만 조금 불편하더라도 에너지를 아껴 써야 합니다.

에너지 *자원은 *한정되어 있습니다. 우리가 에너지를 만들기 위해 가장 많이 사용하는 자원은 석탄과 석유입니다. 그러나 석탄과 석유는 땅속에 무한정 묻혀 있지 않습니다. 만약 지금처럼 계속 사용한다면, 약 40년 뒤에는 석유가 *고갈되고, 100년 뒤에는 석탄도 ㉠바닥난다고 합니다.

에너지를 만드는 데는 많은 비용이 들어갑니다. 물의 힘을 이용해 전기를 생산하는 수력 발전소, 원자력을 이용해 전기를 얻는 원자력 발전소 등을 짓고 운영하려면 엄청나게 큰돈이 필요합니다. 에너지 사용이 늘어나면 발전소를 늘려야 하고, 그만큼 우리가 내야 할 비용도 많아집니다.

무엇보다 에너지를 사용할수록 지구 환경이 오염되는 것이 가장 큰 문제입니다. 석탄과 석유를 태울 때 나오는 *온실가스는 공기를 더럽히고, 지구 온난화를 일으켜 기후마저 변화시키고 있습니다. 원자력 발전소에서 나오는 *폐기물 역시 지구의 환경에 어마어마한 피해를 주기 때문에 현재로서는 오랫동안 땅속 깊이 묻어 두는 방법밖에 없습니다.

에너지 문제를 해결하는 가장 좋은 방법은 에너지를 절약하는 것입니다. 지구 환경과 우리 모두를 위해 에너지를 아껴 씁시다.

어떻게 읽을까?
글쓴이의 의견과 그렇게 생각한 까닭이 무엇인지 찾아보고 알맞은지 따져 가며 읽어 봐.

* **자원**: 석유나 석탄, 나무처럼 사람이 살아가는 데 이용되는 원료.
* **한정되어**: 수량이나 범위가 정해져.
* **고갈되고**: 자원이나 물건 같은 것이 다 써서 없어지고.
* **온실가스**: 지구 표면의 온도를 올라가게 하는 이산화 탄소 같은 기체.
* **폐기물**: 못 쓰게 되어 버리는 물건.

내용 이해

1 이 글의 글감으로 가장 알맞은 것은 무엇인가요? (   )

① 석탄   ② 석유   ③ 에너지

④ 발전소   ⑤ 환경 오염

내용 이해

2 보기 와 같은 글쓴이의 의견을 뒷받침하는 까닭에 모두 ○표 하세요.

> 보기   에너지를 아껴 써야 한다.

(1) 에너지를 만드는 데 많은 비용이 들어간다.   (   )

(2) 에너지를 만들기 위한 자원은 한정되어 있다.   (   )

(3) 에너지를 사용할수록 지구의 환경이 깨끗해진다.   (   )

어휘 알기

3 ㉠과 뜻이 비슷한 낱말은 무엇인가요? (   )

① 거듭나다   ② 남아돌다   ③ 한정되다

④ 고갈되다   ⑤ 무한하다

비판하기

4 글쓴이의 의견에 대해 알맞게 판단하여 말한 친구의 이름을 쓰세요.

> 서준: 에너지를 아껴 쓰자는 의견은 옳다고 생각해. 에너지를 많이 쓸수
>   록 자원이 줄어들고 환경도 오염되니까.
>
> 민지: 에너지를 아껴 쓰자는 의견은 적절하지 않아. 석탄과 석유를 다 쓰
>   면 수력 발전소나 원자력 발전소에서 전기를 만들면 돼.

(   )

[5~6] 다음을 읽고 물음에 답하세요.

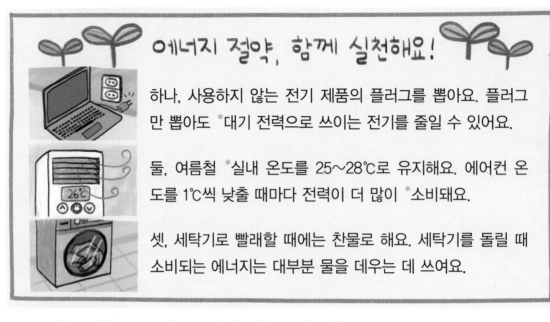

에너지 절약, 함께 실천해요!

하나, 사용하지 않는 전기 제품의 플러그를 뽑아요. 플러그만 뽑아도 *대기 전력으로 쓰이는 전기를 줄일 수 있어요.

둘, 여름철 *실내 온도를 25~28℃로 유지해요. 에어컨 온도를 1℃씩 낮출 때마다 전력이 더 많이 *소비돼요.

셋, 세탁기로 빨래할 때에는 찬물로 해요. 세탁기를 돌릴 때 소비되는 에너지는 대부분 물을 데우는 데 쓰여요.

＊ **대기 전력**: 전원을 끈 상태에서도 전기 제품에서 소비되는 전력.
＊ **실내**: 방이나 건물의 안.
＊ **소비돼요**: 돈, 물건, 시간, 노력, 힘 등이 쓰여 없어져요.

내용 이해

5 이 광고에 나타난 의견으로 알맞지 <u>않은</u> 것에 ○표 하세요.

(1) 세탁기로 빨래할 때에는 찬물로 해야 한다.　　　　　　　　　　(　　　)

(2) 사용하지 않는 전기 제품의 플러그를 뽑아야 한다.　　　　　　(　　　)

(3) 에어컨 온도를 1℃씩 낮출 때마다 전력이 더 많이 소비된다.　　(　　　)

비판하기

6 이 광고에 나타난 의견에 대해 알맞게 판단하지 <u>못한</u> 친구 이름을 쓰세요.

> 윤지: 광고에 나타난 세 가지 의견이 모두 옳아. 에너지를 절약해야 한다는 것은 알지만 실천하기가 쉽지 않거든.
>
> 건우: 전기 제품의 플러그를 뽑아야 한다는 의견은 옳지 않아. 냉장고의 플러그를 뽑으면 냉장고 안의 음식이 다 상할 수 있어.

(　　　　　　　)

1 밑줄 친 낱말의 쓰임이 알맞으면 ○표, 알맞지 <u>않으면</u> ×표에 색칠하세요.

(1) 도서관 <u>실내</u>에서
조용히 해 주세요.

(2) 돈이 없으니 <u>온실가스</u>를
줄여야겠군.

(3) 전기 자동차로
<u>온실가스</u>를 줄일 수 있다.

(4) 지구상에서 쓸 수 있는
물은 <u>한정되어</u> 있다.

(5) 에어컨 온도를 낮출 때마다
전력이 더 <u>한정된다</u>.

(6) 에너지를 만들 때
가장 많이 이용하는 <u>폐기물</u>은
석탄과 석유이다.

신화 이야기의 원인과 결과 파악하기

파에톤과 태양 마차

파에톤은 태양신 헬리오스와 *요정 클리메네 사이에서 태어났어요. 헬리오스는 날마다 하늘 위로 태양 *마차를 몰아야 했기 때문에 파에톤은 어머니와 단둘이 살았지요. 이 사실을 모르는 친구들은 파에톤을 아버지 없는 아이라고 놀렸어요.

"나는 태양신 헬리오스의 아들이야!"

파에톤이 말했지만 친구들은 믿어 주지 않았어요. 파에톤은 울면서 집으로 돌아왔어요. 어머니는 파에톤을 *다독이며 말했지요.

"㉠넌 태양신 헬리오스의 아들이 틀림없단다. 엄마의 말이 믿기지 않는다면 직접 아버지를 찾아가서 물어보렴."

파에톤은 헬리오스가 사는 궁전을 향해 길을 떠났어요. 여러 날을 걸어서 마침내 궁전에 도착했지요. 파에톤은 헬리오스에게 물었어요.

"㉡당신이 ㉢제 아버지인지 알고 싶어요. 제발 진실을 말해 주세요."

"㉣너는 내 아들이란다. 그 *증거로 ㉤네가 원하는 것을 들어주마."

"그럼 태양 마차를 몰 수 있게 해 주세요."

"뭐라고? 그건 안 된다. 너무 위험해."

그러나 파에톤은 태양 마차를 몰게 해 달라고 끈질기게 졸랐어요. 헬리오스는 하는 수 없이 태양 마차를 내주면서 ㉥신신당부를 했지요.

"*고삐를 꽉 잡아라. 마차를 너무 높거나 낮게 몰아서는 안 돼."

"예, 걱정 마세요."

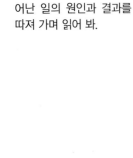

어떻게 읽을까?
이야기에서 파에톤에게 일어난 일의 원인과 결과를 따져 가며 읽어 봐.

* **요정**: 서양의 전설이나 동화에 나오는, 사람의 모습을 한 신비로운 존재.
* **마차**: 말이 끄는 수레.
* **다독이며**: 따뜻이 감싸고 달래며.
* **증거**: 어떤 사실이 진실인지 아닌지 밝혀낼 수 있는 근거.
* **고삐**: 소나 말을 부리려고 잡아매는 줄.

내용 이해

1 파에톤이 울면서 집으로 돌아온 까닭에 모두 ○표 하세요.

(1) 어머니와 단둘이 사는 것이 싫어서   (   )

(2) 친구들이 자신의 말을 믿어 주지 않아서   (   )

(3) 친구들이 파에톤을 아버지 없는 아이라고 놀려서   (   )

내용 이해

2 ㉠~㉤ 중 가리키는 인물이 <u>다른</u> 하나는 무엇인가요? (   )

① ㉠   ② ㉡   ③ ㉢   ④ ㉣   ⑤ ㉤

어휘 알기

3 ㉺의 뜻으로 알맞은 것에 ○표 하세요.

쓸데없는 소리를 계속함.	말과 행동으로 자꾸 위협함.	여러 번 거듭하여 간절히 부탁함.
(1) ( )	(2) ( )	(3) ( )

구조 알기

4 이 글의 내용을 원인과 결과에 따라 알맞게 말한 친구의 이름을 쓰세요.

> 연우: 파에톤의 아버지 헬리오스는 예전에 돌아가셨어. 그래서 파에톤은 어머니와 단둘이 살았어.
>
> 도겸: 파에톤은 아버지를 찾아 먼 길을 떠났어. 왜냐하면 어머니가 파에톤의 아버지가 누구인지 알려 주지 않았기 때문이야.
>
> 한율: 헬리오스는 파에톤에게 태양 마차를 몰게 해 주었어. 왜냐하면 파에톤이 태양 마차를 몰게 해 달라고 끈질기게 졸랐기 때문이야.

(   )

[5~6] 다음을 읽고 물음에 답하세요.

파에톤은 태양 마차를 몰고 궁전을 나와 구름 속을 달렸어요. 그런데 태양 마차를 모는 일은 생각보다 훨씬 어려웠어요. 말들이 제멋대로 날뛰자 파에톤은 고삐를 놓쳤지요. ㉠태양 마차는 땅에 닿을 듯 아래로 내려갔어요. 그 바람에 산과 들이 불타고, 마을은 *잿더미가 되었어요.

신들은 깜짝 놀라서 가장 높은 신인 제우스를 찾아갔어요.

"이러다가는 인간 세상이 *불바다가 되겠어요. 당장 태양 마차를 멈추어 주세요."

신들의 부탁에 제우스는 태양 마차에 번개를 던졌어요. 태양 마차는 번개를 맞고 *산산조각이 났어요. 파에톤은 강에 떨어져 죽고 말았지요.

＊ **잿더미**: 불에 타서 무너져 못 쓰게 된 자리를 비유적으로 이르는 말.
＊ **불바다**: 넓은 지역이 온통 불길에 휩싸여 있는 것을 비유적으로 이르는 말.
＊ **산산조각**: 아주 잘게 깨어진 여러 조각.

5 ㉠의 결과로 일어난 일에 ○표 하세요.

(1) 파에톤이 말들의 고삐를 놓쳤다. ( )

(2) 산과 들이 불타고 마을은 잿더미가 되었다. ( )

(3) 파에톤이 태양 마차를 몰고 구름 속을 달렸다. ( )

6 빈칸에 들어갈 알맞은 낱말은 무엇인가요? ( )

제우스는 태양 마차에 번개를 던졌다. ☐ 신들이 태양 마차를 멈추어 달라고 제우스에게 부탁했기 때문이다.

① 한편 ② 그리고 ③ 그래서

④ 그러므로 ⑤ 왜냐하면

1 다음 뜻에 알맞은 낱말을 보기에서 찾아 빈칸에 쓰세요.

보기   증거   마차   고삐   산산조각

(1) 말이 끄는 수레.

(2) 아주 잘게 깨어진 여러 조각.

(3) 소나 말을 부리려고 잡아매는 줄.

(4) 어떤 사실이 진실인지 아닌지 밝혀낼 수 있는 근거.

2 보기를 보고 두 낱말이 합쳐진 낱말을 빈칸에 쓰세요.

보기   태양 + 신 ➡ 태양신   '해'를 신으로 여겨 이르는 말.

(1) 꽃 + 밭 ➡   꽃이 많이 피어 있거나 꽃을 심어 가꾸어 놓은 곳.

(2) 책 + 가방 ➡   책, 공책, 필통 같은 것을 넣어서 들고 다니는 가방.

오늘 학습은 어땠나요? ☑해 보세요.   쉬움 ☐   보통 ☐   어려움 ☐

견학 기록문 장소의 변화 파악하기

ⓐ 에 다녀와서

지난 일요일, 엄마와 '홍대용 과학관'에 다녀왔다. 엄마는 이곳이 조선 시대의 뛰어난 과학자 홍대용을 ⓑ<u>기리기</u> 위해 만든 곳이라고 알려 주셨다. 나는 홍대용 과학관이 어떤 곳일지 기대가 되었다.

홍대용 과학관에 도착해서 우리는 가장 먼저 '*천체 투영관'에 갔다. 그곳은 꼭 영화관같이 생겼는데 *가상의 별들을 보여 주는 곳이었다. 의자에 기대앉자, 둥근 천장 화면에 셀 수 없이 많은 별이 떠올랐다. 이어서 별과 *별자리에 대한 설명이 흘러나왔다. 가상의 별인데도 진짜처럼 생생했고, 별자리 이야기도 무척 흥미로웠다.

다음에 간 곳은 '홍대용 주제관'이었다. 나는 그곳을 돌아보며 홍대용에 대해 자세히 알게 되었다. 옛사람들은 지구가 움직이지 않는다고 생각했는데, 홍대용은 지구가 스스로 돈다고 주장했다. 또, '혼천의'를 직접 만들어 태양과 달, 행성의 움직임을 *관측했다고 한다.

그다음에는 '과학 체험관'으로 가서 여러 가지 재미난 체험을 했다. 탐험 차를 타고 다른 행성을 달리는 기분을 맛보고, 우주로 갈 때의 느낌을 체험하는 로켓 모양 기구도 탔다.

마지막으로 우리는 '관측실'에서 태양을 관찰했다. 관찰할 때 주의 사항을 단단히 듣고 나서 커다란 관측용 *망원경으로 보았는데, 붉고 둥그런 태양의 모습이 또렷이 보였다.

홍대용 과학관은 내가 기대했던 것보다 더 멋진 곳이었다. 과학자 홍대용에 대해 알게 되었고, 재미있는 체험도 많이 해서 무척 즐거웠다.

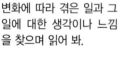

어떻게 읽을까?

글쓴이가 견학한 장소의 변화에 따라 겪은 일과 그 일에 대한 생각이나 느낌을 찾으며 읽어 봐.

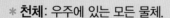

* **천체**: 우주에 있는 모든 물체.
* **가상**: 사실이 아닌 것을 사실처럼 보이도록 꾸며 낸 것.
* **별자리**: 별들을 몇 개씩 이어 그 모습에 비슷하게 생긴 동물, 물건, 신화 속 인물의 이름을 붙인 것.
* **관측했다**: 자연에서 일어나는 일을 자세히 살펴서 어떤 사실을 짐작하거나 알아냈다.
* **망원경**: 멀리 있는 물체를 크고 정확하게 볼 수 있도록 만든 기구.

내용 이해

1 ㉠에 들어갈 알맞은 말은 무엇인가요? (　　　　)

① 천문대　　　　　② 역사 박물관　　　　　③ 홍대용 생가

④ 현대 미술관　　　⑤ 홍대용 과학관

내용 이해

2 홍대용에 관한 설명으로 알맞지 <u>않은</u> 것에 ○표 하세요.

(1) 조선 시대의 뛰어난 과학자이다.　　　　　　　　　　　(　　　　)

(2) 지구가 움직이지 않는다는 주장을 펼쳤다.　　　　　　　(　　　　)

(3) 혼천의를 직접 만들어 태양과 달, 행성의 움직임을 관측했다.　(　　　　)

어휘 알기

3 ㉡의 뜻으로 알맞은 것에 ○표 하세요.

사건을 낱낱이 파헤쳐 조사하다.	자신의 잘못을 반성하고 깊이 뉘우치다.	훌륭한 사람이나 뛰어난 업적을 칭찬하고 기억하다.
(1) (　　　　)	(2) (　　　　)	(3) (　　　　)

구조 알기

4 글쓴이가 견학한 곳의 차례에 맞게 숫자를 쓰세요.

(1) 관측실　[　　]　　　　(2) 과학 체험관　[　　]

(3) 천체 투영관　[　　]　　　(4) 홍대용 주제관　[　　]

5 다음 일을 겪었던 장소를 보기에서 찾아 기호를 쓰세요.

> **보기**   ㉮ 관측실   ㉯ 천체 투영관   ㉰ 과학 체험관   ㉱ 홍대용 주제관

(1) 탐험 차와 로켓 모양 기구를 탔다.   (   )

(2) 커다란 관측용 망원경으로 태양을 관찰했다.   (   )

내용 이해

6 다음 겪은 일에 대한 글쓴이의 생각이나 느낌에 모두 ○표 하세요.

> 둥근 천장 화면에 셀 수 없이 많은 별이 떠오르는 것을 보고, 별과 별 자리에 관한 설명을 들었을 때.

(1) 다른 행성을 달리는 느낌을 맛보았다.   (   )

(2) 별자리 이야기가 흥미롭다고 생각했다.   (   )

(3) 가상의 별인데도 진짜처럼 생생하다고 느꼈다.   (   )

비판하기

7 이 글을 읽고 더 알고 싶은 내용을 알맞게 말하지 <u>못한</u> 친구의 이름을 쓰세요.

> 민주: 우주와 별을 관측할 수 있는 곳이 더 있는지 궁금해졌어.
>
> 선율: 조선 시대에도 과학자가 있었다니 신기해. 조선 시대 과학자에 대해 더 알아보고 싶어.
>
> 지안: 로켓 모양 기구가 재미있어 보여. 놀이공원에 비슷한 놀이 기구가 있는지 알아봐야겠어.

(   )

1 빈칸에 들어갈 알맞은 낱말을 글자 카드로 만들어 쓰세요.

자	가	원	별	천	경
리	성	체	망	상	해

(1) ☐☐ : 우주에 있는 모든 물체.

(2) ☐☐ : 사실이 아닌 것을 사실처럼 보이도록 꾸며 낸 것.

(3) ☐☐☐ : 별들을 몇 개씩 이어 그 모습에 이름을 붙인 것.

(4) ☐☐☐ : 멀리 있는 물체를 크고 정확하게 볼 수 있도록 만든 기구.

2 빈칸에 공통으로 들어갈 알맞은 낱말을 보기에서 찾아 쓰세요.

보기	켜다	보다	펴다	가다	밀다

(1)
• 파란 하늘을 ☐.
• 이웃집 개가 혼자 집을 ☐. ➡ ☐☐

(2)
• 춥고 긴 겨울이 ☐.
• 홍대용 과학관에 ☐. ➡ ☐☐

(3)
• 잔디밭에 돗자리를 ☐.
• 지구가 스스로 돈다는 주장을 ☐. ➡ ☐☐

(4)
• 생일 케이크에 촛불을 ☐.
• 연주회에서 바이올린을 멋지게 ☐. ➡ ☐☐

오늘 학습은 어땠나요? ✔해 보세요.   쉬움 ☐   보통 ☐   어려움 ☐

논설문 아는 내용이나 겪은 일과 관련짓기

동물 등록제를 꼭 지켜 주세요

우리나라의 많은 가정에서 *반려동물로 개를 기르고 있어요. 그러다 보니, 개를 잃어버리는 경우도 많지요. 이런 문제를 해결하기 위해 나라에서 개와 보호자의 정보를 등록하는 '동물 등록제'를 만들었어요. 그런데 아직도 동물 등록을 하지 않은 사람이 많아요. 안 해도 된다고 생각하거나, 등록할 때 몸에 넣는 *식별 장치가 개에게 해롭다고 생각하기 때문이지요. 하지만 이것은 잘못된 생각이에요.

동물 등록은 선택이 아니라, 꼭 해야 하는 의무예요. 2개월 이상 자란 개는 가까운 시청이나 군청, 구청에서 동물 등록을 해야 해요. 이 제도는 법으로 정해져 있어 반드시 지켜야 하고, 어기면 *벌금을 내야 하지요.

㉠동물 등록을 하는 데 필요한 식별 장치는 개에게 해를 주지 않으며, 꼭 몸속에 넣어야 하는 것도 아니에요. ㉡개와 보호자의 정보가 담긴 식별 장치는 내장형과 외장형으로 나뉘어 있어요. ㉢내장형은 개의 몸속에 넣는 것인데, 몸에 해롭지 않은 안전한 *재질로 만들어졌어요. 크기도 쌀알만큼 작아서 간단하게 주사로 넣을 수 있지요. ㉣그래도 걱정이 된다면, 외장형을 선택하면 돼요. ㉤외장형 식별 장치는 줄에 끼워서 개의 목에 걸고 다닐 수 있지요.

동물 등록을 하면, 주인 잃은 개를 발견했을 때 식별 장치로 쉽게 주인을 찾을 수 있어요. 사랑하는 반려동물을 위해 꼭 동물 등록을 하세요.

어떻게 읽을까?
동물 등록제와 관련해서 아는 내용이나 겪은 일을 떠올리며 글을 읽어 봐.

* **반려동물**: 가까이 두고 기르는, 사람과 더불어 살아가는 동물.
* **식별**: 무엇인지 구별하여 알아차리는 것.
* **벌금**: 규칙을 어겼을 때 벌로 내게 하는 돈.
* **재질**: 재료가 가지는 성질.

내용 이해

1 이 글에 나타난 글쓴이의 의견에 ○표 하세요.

(1) 동물 등록을 반드시 해야 하는 것은 아니다.   (   )

(2) 사랑하는 반려동물을 위해 꼭 동물 등록을 하자.   (   )

(3) 동물 등록증을 개의 목에 걸고 다닐 수 있게 하자.   (   )

내용 이해

2 '동물 등록제'에 대한 내용으로 알맞지 <u>않은</u> 것을 모두 고르세요. (   )

① 동물 등록제를 어기면 벌금을 내야 한다.

② 가까운 시청, 군청, 구청에서 등록할 수 있다.

③ 개는 태어나자마자 반드시 동물 등록을 해야 한다.

④ 동물 등록제는 개와 보호자의 정보를 등록하게 하는 제도이다.

⑤ 내장형 식별 장치는 줄에 끼워서 개의 목에 걸고 다닐 수 있다.

내용 이해

3 ㉠~㉤ 중 중심 문장은 무엇인가요? (   )

① ㉠   ② ㉡   ③ ㉢   ④ ㉣   ⑤ ㉤

추론하기

4 이 글을 읽고 아는 내용이나 겪은 일과 관련지어 말하지 <u>못한</u> 친구의 이름을 쓰세요.

> 지민: 동물 등록제가 있다는 것은 알았는데, 반드시 해야 한다는 것은 이 글을 읽고 알았어.
>
> 준우: 우리 집도 개를 기르고 있어. 매일 두 시간씩 부모님과 함께 공원에서 개를 산책시키고 있어.
>
> 나영: 혼자 길을 돌아다니는 개를 본 적이 있어. 동물 등록을 했다면 주인을 찾을 수 있었을 텐데 참 안타까웠어.

(   )

[5~6] 다음을 읽고 물음에 답하세요.

△△공원 반려동물 *동반 *에티켓

• 반려동물은 목줄과 입마개를 해야 해요!

반려견과 ㉠동반할 때에는 목줄을 반드시 매어 주세요. *맹견은 입마개도 꼭 씌워 주세요.

• 반려동물의 배설물을 깨끗이 처리해요!

배설물이 생기면 곧바로 배변 봉투에 담아 깨끗이 치워 주세요.

• 반려동물은 잔디밭과 화단에 들어가면 안 돼요!

산책로를 이용하시고, 잔디밭과 화단에 반려견이 들어가지 않게 주의해 주세요.

＊ **동반**: 어떤 곳이나 길을 갈 때 함께 가는 것.
＊ **에티켓**: 함께 살아가면서 서로 지켜야 할 바른 태도와 마음가짐.
＊ **맹견**: 몹시 사나운 개.

어휘 알기

5 ㉠과 뜻이 비슷한 낱말은 무엇인가요? (   )

① 등반할   ② 보호할   ③ 동행할   ④ 서행할   ⑤ 배반할

추론하기

6 자신의 경험과 관련지어 안내문을 바르게 이해한 친구에게 ○표 하세요.

(1) 집 밖에서는 개에게 목줄을 꼭 매야 해. 공원에서 목줄을 하지 않은 개가 다가와서 깜짝 놀란 적이 있거든.

(2) 산책로에서 개의 배설물을 보고 기분이 상한 적이 있어. 배변 봉투가 없다면 화단에서 볼일을 보게 해야 해.

54

1 다음 뜻에 알맞은 낱말이 쓰인 칸을 색칠해 어떤 동물 모양이 나오는지 (   ) 안에 쓰세요.

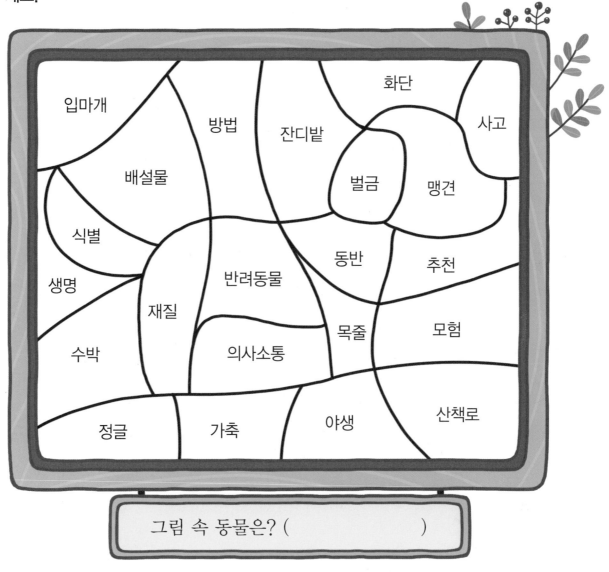

그림 속 동물은? (   )

낱말 열쇠

(1) 몹시 사나운 개. 예 ○○은 입마개가 필수!

(2) 재료가 가지는 성질. 예 이 장난감은 안전한 ○○로 만들어졌어요.

(3) 무엇인지 구별하여 알아차리는 것. 예 동물 등록에 ○○ 장치가 필요하다.

(4) 규칙을 어겼을 때 벌로 내게 하는 돈.

(5) 어떤 곳이나 길을 갈 때 함께 가는 것. 예 ○○ 에티켓.

(6) 개나 고양이 등의 동물 목에 둘러매는 줄.

(7) 가까이 두고 기르는, 사람과 더불어 살아가는 동물.

 오늘 학습은 어땠나요? ☑해 보세요.   쉬움 ☐   보통 ☐   어려움 ☐

동시 장면을 떠올리며 시 읽기

바다에는 쪼그만 게가 산다

이준관

㉠고래 같은
파도가 밀려와도
쪼그만 게는 무섭지 않다

어떻게 읽을까?
시를 읽고 어떤 장면이 떠오르는지 머릿속으로 상상하며 읽어 봐.

파도가
밀려왔다
밀려가면

가장 먼저 기어 나와
바다가 숨 쉴 숨구멍
바다가 땀 흘릴 땀구멍
뽕, 뽕, 뽕, 뚫어 놓는다

뻘뻘뻘 기어가며
아름다운 바다의 길
새로 *꼬불꼬불 열고

끊어진 바다 이야기
*곰실곰실
다시 이어 놓는다

* **꼬불꼬불**: 모양이 곧지 않고 이리저리 구부러진 모양.
* **곰실곰실**: 작은 벌레나 아지랑이 같은 것이 조금씩 느리게 움직이는 모양.

내용 이해

1 ⊙에 대한 설명으로 알맞은 것에 모두 ○표 하세요.

(1) 파도의 모습을 생생하게 나타낸 표현이다. (　　)

(2) 큰 파도를 커다란 고래에 빗대어 표현했다. (　　)

(3) 고래가 파도를 타고 바닷가로 밀려온 모습을 표현했다. (　　)

추론하기

2 이 시를 읽고 떠올린 장면으로 알맞지 <u>않은</u> 것에 ○표 하세요.

(1) 쪼그만 게가 바닷가를 기어가는 모습 (　　)

(2) 바닷가에 파도가 밀려왔다 밀려가는 모습 (　　)

(3) 쪼그만 게가 파도에 휩쓸려 바닷속으로 사라지는 모습 (　　)

어휘 알기

3 게가 나온 구멍의 모습을 실감 나게 표현한 낱말에 색칠하세요.

(1) 뽈뽈뽈　　(2) 뽕, 뽕, 뽕,　　(3) 곰실곰실

비판하기

4 이 시를 읽고 난 감상을 알맞게 말하지 <u>못한</u> 친구의 이름을 쓰세요.

서준: 게가 나온 구멍을 바다의 숨구멍과 땀구멍이라고 표현한 것이 재미있어.

채아: 파도가 밀려가면 쪼그만 게가 가장 먼저 구멍 속으로 숨는다고 표현한 것이 기억에 남아.

건우: 이 시를 읽으면 쪼그만 게가 기어가면서 바닷가에 꼬불꼬불한 자국을 남기는 모습이 떠올라.

(　　)

메뚜기가 뛰면

유희윤

뛰기 선수
메뚜기

*논둑에서 논으로
펄－쩍!

벼 잎에서 벼 잎으로
폴짝! 폴짝!

메뚜기가 뛰면
벼 잎도 뛰고 싶지.

㉠벼 잎은 *제자리에서
*들썩들썩.

＊**논둑**: 논의 가장자리에 높고 길게 쌓아 올린 둑.
＊**제자리**: 위치의 변화가 없는 같은 자리.
＊**들썩들썩**: 물건이나 몸의 한 부분이 계속 들렸다 내렸다 하는 모양.

추론하기

5 이 시를 읽고 떠올린 장면으로 알맞은 것에 ○표 하세요.

(1) 벼 잎이 바람에 흔들리는 모습 (   )

(2) 메뚜기가 벼 잎에서 벼 잎으로 뛰는 모습 (   )

(3) 아이들이 논둑에서 메뚜기를 잡으러 다니는 모습 (   )

비판하기

6 다음은 ㉠에 대한 설명이에요. 빈칸에 들어갈 알맞은 낱말을 쓰세요.

벼 잎에 앉았던 ☐☐☐ 가 뛰자, 그 바람에 벼 잎이 흔들리는 모습을 표현했다. 말하는 이는 이 모습을 보고 ☐☐ 이 메뚜기처럼 뛰고 싶어서 들썩이는 것이라고 생각했다.

☆ 어휘력 팡팡

1 다음 뜻에 알맞은 낱말을 보기에서 찾아 사다리를 타고 내려가 빈칸에 쓰세요.

> 보기   논둑   밭고랑   제자리   숨구멍   땀구멍

위치의 변화가 없는 같은 자리.

논의 가장자리에 높고 길게 쌓아 올린 둑.

몸 안에서 몸 밖으로 땀을 내보내도록 피부에 난 구멍.

(1)

(2)

(3)

2 다음 빈칸에 들어갈 알맞은 낱말에 색칠하세요.

(1) 귀뚜라미가 [   ] 뛰어서 방 안으로 들어왔다.

폴짝폴짝   찰랑찰랑

(2) 애벌레가 초록색 잎사귀 위를 [   ] 기어갔다.

동실동실   곰실곰실

(3) 자동차가 거친 시골길을 달리자 엉덩이가 [   ]했다.

들썩들썩   옴짝달싹

설명문 생략된 내용 짐작하기

바닷물은 왜 짤까?

땅 위를 흐르는 물이 모여서 강물이 돼. 강물은 흘러서 다시 바다로 모이지. 그런데 강물과 바닷물은 맛이 달라. 강물은 짠맛이 안 나지만, 바닷물은 짠맛이 나거든. 바닷물은 왜 짤까?

눈에 보이지 않지만 바닷물에는 여러 가지 물질이 녹아 있어. 먼 옛날, 지구가 처음 생겨났을 무렵에는 강한 *산성비가 쉼 없이 퍼부었어. 그 때문에 육지의 *암석에 들어 있던 여러 물질이 빗물에 녹아 바다로 흘러들어 갔지. 그 뒤로도 암석 속 물질이 빗물에 조금씩 녹고, 강을 통해 바다로 흘러가 쌓이는 일이 오랫동안 계속되었단다. 또, 바닷속 *화산이 폭발하면서 거기에서 뿜어져 나오는 물질이 바닷물에 녹아들기도 했지.

이렇게 바닷물 속에 녹아 있는 여러 가지 물질을 통틀어 '염류'라고 해. 염류에 가장 많이 들어 있는 것은 짠맛이 나는 소금 성분이야. 이 외에도 쓴맛이 나는 성분, 또 다른 맛이 나는 성분들도 약간씩 들어 있지. 그래서 바닷물을 맛보면 짠맛이 가장 강하게 나고, 쓴맛과 다른 맛도 조금씩 느껴지는 거란다.

(가) 바닷물의 짠맛은 지역에 따라 차이가 있어. 더 짜거나 덜 짠 곳이 있지. 비가 많이 내리거나 햇볕이 약하게 내리쬐는 지역의 바닷물은 짠맛이 덜해. 빗물이 많이 섞이고, *수증기로 *증발되는 물이 적기 때문이야.

어떻게 읽을까?
글을 자세히 읽으면서 단서를 찾고 생략된 내용을 짐작해 봐.

윽, 짜! 바닷물이 입에 들어갔어.

그런데 바닷물은 왜 짤까?

* **산성비**: 질산이나 황산이 섞여 강한 산성을 띠는 비.
* **암석**: 지구의 바깥쪽을 구성하고 있는 단단한 물질.
* **화산**: 땅속에 있던 가스와 마그마 등이 땅 표면을 뚫고 나와서 터지는 곳.
* **수증기**: 기체 상태로 되어 있는 물.
* **증발되는**: 어떤 물질이 액체 상태에서 기체 상태로 변하는.

내용 이해

1 이 글에서 설명하는 것은 무엇인가요? (   )

① 바닷물이 짠 까닭   ② 소금이 빗물에 녹는 과정
③ 강물이 바다로 모이는 과정   ④ 바닷물로 소금을 만드는 과정
⑤ 강물과 바닷물의 공통점과 차이점

내용 이해

2 이 글의 내용으로 알맞으면 ○표, 알맞지 <u>않으면</u> ×표 하세요.

(1) 바닷물의 짠맛은 지역에 따라 차이가 있다.   (   )
(2) 육지의 암석 속 물질이 빗물에 녹아 바다로 흘러들었다.   (   )
(3) 바닷속 화산에서 뿜어져 나온 물질은 바닷물에 녹지 않는다.   (   )

어휘 알기

3 빈칸에 들어갈 알맞은 낱말을 쓰세요.

    □□는 바닷물 속에 녹아 있는 여러 가지 물질을 통틀어 이르는 말이다.

추론하기

4 ㈎에서 짐작할 수 있는 내용에 모두 ○표 하세요.

(1) 비가 적게 내리는 지역의 바닷물은 덜 짜다.   (   )
(2) 비가 적게 내리는 지역의 바닷물은 더 짜다.   (   )
(3) 햇볕이 강하게 내리쬐는 지역의 바닷물은 덜 짜다.   (   )
(4) 햇볕이 강하게 내리쬐는 지역의 바닷물은 더 짜다.   (   )

[5~6] 다음을 읽고 물음에 답하세요.

 바닷가 물놀이 *유의 사항

• 물에 들어가기 전에 준비 운동을 충분히 하세요. 음식을 드신 후 1시간 이내에는 수영을 *삼가는 것이 좋습니다.
• 물놀이를 오래 하거나 지나친 물장난을 하는 것을 삼가고, 어린이는 꼭 보호자와 함께하세요.
• ㉠물놀이를 마치면 샤워장에서 몸을 깨끗이 씻으세요.
• 사고 *예방을 위하여 수영 시간(오전 9시~오후 6시)을 지키고, 안전 요원의 지도에 *협조해 주세요.

* 유의 사항: 마음에 새겨 두어 조심하며 관심을 가져야 하는 내용.
* 삼가는: 말이나 행동을 조심하는.
* 예방: 병이나 사고 등이 생기지 않도록 미리 막음.
* 협조해: 힘을 보태어 도와.

5 ㉠의 까닭을 알맞게 짐작한 것에 ○표 하세요.

(1) 바닷물에는 소금이 들어 있기 때문이다.　　　　　　　　　　(　　　)

(2) 바닷물이 증발하면 수증기가 되기 때문이다.　　　　　　　　(　　　)

(3) 바닷물은 여러 강물이 모인 것이기 때문이다.　　　　　　　　(　　　)

6 이 안내문을 읽고 바르게 행동한 친구에게 ○표 하세요.

(1) 바닷물에 들어가기 전에 준비 운동을 충분히 했어.

(2) 김밥을 먹자마자 아빠와 함께 바다에서 물놀이를 했어.

1 다음 뜻에 알맞은 낱말을 보기 에서 찾아 쓰세요.

보기 화산 예방 암석 증발 산성비 수증기

출발

지구의 바깥쪽을 구성하고 있는 단단한 물질.

(1)

어떤 물질이 액체 상태에서 기체 상태로 변함.

(2)

땅속에 있던 가스와 마그마 등이 땅 표면을 뚫고 나와서 터지는 곳.

(3)

기체 상태로 되어 있는 물.

(4)

병이나 사고 등이 생기지 않도록 미리 막음.

(5)

도착

오늘 학습은 어땠나요? ☑해 보세요.   쉬움 ☐   보통 ☐   어려움 ☐

고전 문학 시간의 흐름에 따라 이야기 간추리기

둘리틀 선생 이야기

둘리틀 선생은 사람의 말을 할 줄 아는 앵무새 폴리네시아를 통해, 동물도 자기들만의 말이 있다는 것을 알게 되었어요. ㉠그날 저녁 *내내, 폴리네시아는 식탁에 앉아 둘리틀 선생에게 새의 말을 가르쳤지요.

저녁을 먹고 난 뒤 개 지프가 집 안으로 들어오자, 앵무새가 말했어요.

"지프가 지금 선생님에게 말을 하고 있어요."

㉡"내 눈에는 지프가 발로 귀를 긁고 있는 모습만 보이는데?"

"동물은 입으로만 말을 하는 게 아니에요. 귀로도, 발로도, 꼬리로도 말을 하지요. 지금 지프가 코 한쪽을 *실룩거리는 게 보이나요?"

"그래, 저건 무슨 뜻이지?"

㉢"선생님에게 내리던 비가 그친 걸 아느냐고 묻는 거예요. 개들은 질문을 할 때 코를 사용하거든요."

"오! 놀랍구나. 다른 동물의 말도 ㉣ 다오."

몇 달이 지나자, 둘리틀 선생은 앵무새의 도움으로 동물들이 하는 말을 *죄다 알아들을 수 있게 되었어요. 둘리틀 선생은 사람을 치료하는 의사 일을 그만두고, 동물을 치료하는 수의사가 되기로 했어요. 이를 알게 된 동물 먹이 장수가 집집이 돌아다니며 말했어요.

"둘리틀 선생님이 수의사가 되었어요. 동물과 대화도 나눌 수 있대요."

동물 먹이 장수가 떠들고 다니자마자, 케이크를 너무 많이 먹어서 *탈이 난 개들을 데리고 *노부인이 선생을 찾아왔어요.

휴 로프팅, 「둘리틀 선생 이야기」

어떻게 읽을까?

시간의 흐름에 따라 이야기가 어떻게 펼쳐지는지 시간을 나타내는 말에 주의하며 읽어 봐.

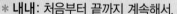

* **내내**: 처음부터 끝까지 계속해서.
* **실룩거리는**: 근육의 한 부분을 비뚤어지거나 기울어지게 움직이는.
* **죄다**: 남김없이 모조리.
* **탈**: 몸에 생긴 병.
* **노부인**: 나이 든 여자를 높여 이르는 말.

내용 이해

1 ㉠이 가리키는 것에 ○표 하세요.

(1) 둘리틀 선생이 동물들의 말을 할 수 있게 된 날　　　　　　　(　　　)

(2) 앵무새 폴리네시아가 동물들의 말을 알아들을 수 있게 된 날　(　　　)

(3) 둘리틀 선생이 동물도 자기들만의 말이 있다는 것을 알게 된 날　(　　　)

추론하기

2 ㉡에 나타난 둘리틀 선생의 마음으로 가장 알맞은 것은 무엇인가요? (　　　)

① 불안하다.　　　　② 답답하다.　　　　③ 부끄럽다.

④ 의아하다.　　　　⑤ 막막하다.

구조 알기

3 이 글을 시간의 흐름에 따라 간추릴 때, (　　) 안에 들어갈 알맞은 내용을 **보기** 에서 찾아 기호를 쓰세요.

> **보기** ㉮ 노부인이 탈이 난 개들을 데리고 찾아왔다.
>
> ㉯ 앵무새 폴리네시아가 둘리틀 선생에게 새의 말을 가르쳐 주었다.
>
> ㉰ 둘리틀 선생은 동물과 이야기를 나눌 수 있게 되었다. 그는 의사 일을 그만두고 수의사가 되기로 했다.
>
> ㉱ 앵무새가 동물이 몸짓으로도 말을 한다는 것을 알려 주었다. 둘리틀 선생은 다른 동물의 말도 알려 달라고 했다.

(1) 그날 저녁 내내	(　　　　　)
(2) 저녁을 먹고 난 뒤	(　　　　　)
(3) 몇 달이 지나자	(　　　　　)
(4) 동물 먹이 장수가 떠들고 다니자마자	(　　　　　)

4 ㉢에서 떠올릴 수 있는 장면에 ○표 하세요.

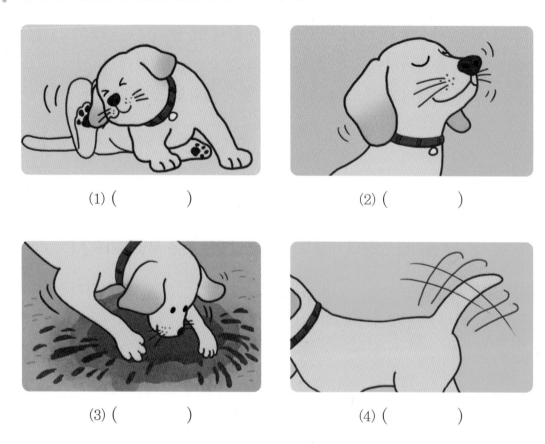

(1) (   )

(2) (   )

(3) (   )

(4) (   )

5 ㉣에 들어갈 알맞은 낱말은 무엇인가요? (   )

① 아리켜   ② 가리켜   ③ 가르켜

④ 가르쳐   ⑤ 가리쳐

6 이 글 뒤에 이어질 내용으로 가장 알맞은 것에 ○표 하세요.

(1) 둘리틀 선생이 배탈이 난 노부인을 진료한다.   (   )

(2) 둘리틀 선생이 노부인이 데려온 개들과 대화하며 병을 치료한다. (   )

(3) 앵무새가 노부인의 개들과 대화한 뒤, 둘리틀 선생에게 알려 준다. (   )

1 낱말 카드의 빈칸에 들어갈 알맞은 낱말에 색칠하세요.

(1)

> 처음부터 끝까지
> 계속해서.
>
> **?**

종종

내내

이따금

(2)

> 나이 든 여자를
> 높여 이르는 말.
>
> **?**

영감

노부부

노부인

(3)

> 근육의 한 부분을
> 비뚤어지거나
> 기울어지게 움직이다.
>
> **?**

나불거리다

꾸물거리다

실룩거리다

2 밑줄 친 낱말의 뜻을 [보기]에서 찾아 ( ) 안에 기호를 쓰세요.

> [보기]
> ㉮ 각각의 몫을 따로 주다.
> ㉯ 말이나 이야기, 인사 등을 주고받다.
> ㉰ 원래 하나였던 것을 둘 이상의 부분이나 조각이 되게 하다.

(1)

어머니는 딸기 케이크를 크게 두 조각으로 나누셨다. ( )

(2)

선우와 학원에서 생일 선물에 대해 이야기를 나누었다. ( )

 오늘 학습은 어땠나요? ☑해 보세요.　　쉬움☐　　보통☐　　어려움☐

〈대단한 독해〉 한 권 끝!

공부하느라 수고했어요. 어떻게 공부했는지
스스로 돌아보며 ✓표 해 보세요.

한 회씩 꾸준히 공부했나요?	예 ☐	아니요 ☐
스스로 공부했나요?	예 ☐	아니요 ☐
문제를 끝까지 다 풀었나요?	예 ☐	아니요 ☐
재미있게 공부했나요?	예 ☐	아니요 ☐
틀린 문제는 왜 틀렸는지 한 번 더 확인했나요?	예 ☐	아니요 ☐

〈대단한 독해〉로
독해왕이
될 테야!

초등기탄 대단한 독해

| 2단계_과학 |

1회 9~11쪽

1 ④ 2 ② 3 (2) ○ 4 식물 5 ① 6 (3) ○

☆어휘력 팡팡 1 씨앗 2 (1) 껍질 (2) 껍데기
(3) 껍데기 (4) 껍질

---

1 민들레 씨앗에는 가벼운 갓털이 달려 있어서 바람이 불면 하늘로 날아오릅니다. 또, 단풍나무 씨앗에는 날개가 달려 있어서 바람을 타고 날아갑니다.

2 ㈎는 씨앗이 동물에게 먹혀서 퍼지는 방법에 대해 설명하는 문단입니다. 이 문단을 대표하는 중심 문장은 ㈎의 첫 번째 문장입니다.

3 이 글은 식물이 씨앗을 퍼뜨리는 여러 가지 방법을 설명한 글입니다. 글쓴이는 씨앗을 퍼뜨리는 여러 가지 방법을 하나씩 설명하고 있습니다.

4 콩, 참외, 소나무, 포도, 나팔꽃, 제비꽃은 모두 '식물'에 속하는 낱말입니다.

5 ㉠~㉤으로 이루어진 문단은 꼬투리가 터져서 씨앗이 퍼지는 방법을 설명하는 문단입니다. 이 문단에서는 첫 문장인 ㉠이 중심 문장이고, 나머지 ㉡~㉤은 ㉠을 설명해 주는 뒷받침 문장입니다.

6 주어진 문장에 어울리는 뒷받침 문장을 찾습니다. 씨앗이 동물의 털에 붙어서 멀리 가는 방법을 뒷받침하는 예는 (3)입니다.

☆어휘력 팡팡

2 '껍질'은 물체의 겉을 싸고 있는 단단하지 않은 물질이고, '껍데기'는 달걀이나 조개 등의 겉을 싸고 있는 단단한 물질을 뜻하는 낱말입니다.

2회 13~15쪽

1 (2) ○ 2 ③ 3 ④ 4 유민 5 (1) ○
6 고통

☆어휘력 팡팡 1 ① 좁다 ② 존중하다 ③ 중단
④ 사고 ⑤ (가로) 돌고래 (세로) 돌려보내다
⑥ 야생 ⑦ 생명체 ⑧ 보호 ⑨ 누비다

---

1 글쓴이는 이 글을 통해 실내 동물원이 있어서는 안 된다고 말하고 있습니다.

2 글쓴이는 의견에 대한 까닭으로 ①, ②, ④, ⑤와 같은 까닭을 들고 있습니다. 그러나 ③은 글쓴이가 까닭으로 든 내용과 반대되는 내용입니다. 글쓴이는 사람이 질병을 옮기는 것이 아니라, 야생 동물에게만 있는 질병이 사람에게 옮겨 갈 위험이 있다고 했습니다.

3 ㉠의 앞뒤 문장은 서로 반대되는 사실을 나타내고 있습니다. 이와 같은 두 문장을 이어 줄 때에는 '하지만'이 알맞습니다.

4 실내 동물원은 야생 동물을 위해 만들어진 곳이 아니므로, 수진이가 말한 의견과 까닭은 서로 어울리지 않습니다. 따라서 수진이의 말은 글쓴이의 의견에 대해 바르게 판단하지 못한 내용입니다.

5 이 광고의 제목과 내용을 통해 돌고래 쇼를 중단해야 한다는 글쓴이의 의견을 파악할 수 있습니다.

6 이 광고에서 쇼를 할 때 사람들의 함성이 돌고래에게 고통을 준다고 했습니다.

☆어휘력 팡팡

1 가로, 세로 열쇠에 있는 낱말 뜻을 보고 빈칸에 알맞은 낱말을 씁니다.

1 수박 **2** (3) ○ **3** (1) ㉣ (2) ㉯ **4** (2) ○
5 (1) ○ (2) × (3) × (4) ○ **6** (2) ○

☆**어휘력 땅땅** **1** (1) 오뚝 (2) 봄볕 (3) 싱그럽다
2 (1) 우물우물 (2) 충분해서 (3) 달콤해서

1 글감이란 글의 내용이 되는 재료를 말합니다. 이 시는 수박을 먹은 일에 대해 쓴 시이므로, 이 시의 글감은 '수박'입니다.

2 ㉠은 초록색 수박의 둥근 모양을 크고 둥근 달에 빗대어 표현한 것입니다.

3 2연의 '두드리며 귀 기울인다'에서 '톡톡, 툭툭'이 수박을 두드릴 때 나는 소리임을 알 수 있습니다. 또, 3연의 '맛이 벌어지는 소리'에서 '쩌억'이 수박을 반으로 쪼개는 소리임을 알 수 있습니다.

4 ㉣은 까만 수박씨가 입술 위에 점처럼 붙은 모습을 표현한 것입니다.

5 (2) '자주색 입술'은 제비꽃의 자주색 꽃잎을 뜻합니다. (3) 1연은 제비꽃에 봄볕이 내리쬐는 모습을 표현한 것입니다.

6 작고 가벼운 나비가 날아오는 모습과 어울리는 흉내 내는 말을 찾습니다. 이와 같은 모습에는 매우 가볍게 잇따라 움직이는 모양을 뜻하는 '사뿐사뿐'이 알맞습니다.

☆**어휘력 땅땅**

2 (1) '오물오물'은 음식물을 조금씩 자꾸 씹는 모양으로, '우물우물'과 바꾸어 쓸 수 있습니다. (2) '넉넉하다'는 '충분하다'와 바꾸어 쓸 수 있습니다. (3) '달콤하다'는 맛이 꽤 달다는 뜻으로, '달콤하다'와 바꾸어 쓸 수 있습니다.

1 (1) ○ (3) ○ **2** (1) 크다 (2) 있고 (3) 없다
(4) 있고 (5) 없다 **3** ③ **4** (1) ○ **5** ③
6 (순서대로) 계절, 공기, 두

어휘력 땅땅 **1** (1) 행성, ㉣ (2) 위성, ㉰
(3) 표면, ㉯ (4) 지형, ㉮

1 지구와 달의 공통점은 (1), (3)입니다. 또, 지구와 달은 스스로 빛을 내지 못한다는 점도 같습니다.

2 지구는 달보다 훨씬 크며, 물과 공기가 있어 생명체가 살 수 있습니다. 그러나 달에는 물과 공기가 없어 생명체가 살 수 없습니다.

3 ㉠ 뒷부분에 이어지는 내용을 통해 우주에서 바라볼 때 지구와 달의 '색깔'이 다르다는 것을 알 수 있습니다.

4 이 글은 지구와 달의 같은 점과 다른 점을 설명한 글로, (2)의 내용은 글에 나타나지 않았습니다.

5 이 글은 지구와 화성의 같은 점과 다른 점을 설명한 글입니다.

6 글쓴이는 지구와 화성의 같은 점으로 지형, 공기가 있다는 점과 함께 계절의 변화를 들었습니다. 그러나 화성은 지구에 비해 매우 춥고 공기의 양도 적습니다. 또, 지구의 위성은 달 하나이지만, 화성의 둘레를 도는 위성은 두 개입니다.

☆**어휘력 땅땅**

1 빈칸에 알맞은 글자를 암호 카드에서 찾아 씁니다. 그런 다음 낱말에 알맞은 뜻을 찾아 선으로 잇습니다.

5회   25~27쪽

1 장수풍뎅이 **2** (1) ○ (2) ○ (3) × **3** ④
4 (3) ○ **5** ㉣, ㉤, ㉮, ㉭, ㉯ **6** ①, ③
7 (1) ㉯ (2) ㉢ (3) ㉮

☆ 어휘력 빵빵 **1** (1) 어른벌레 (2) 애벌레
(3) 허물 **2** (1) 기특하다, 대견하다 (2) 갓, 금방

1 이 글은 '장수풍뎅이'의 한살이를 관찰하고 쓴 관찰 기록문입니다.

2 이 글에서는 번데기가 부엽토를 먹지도 않고 똥을 누지도 않았다고 했습니다.

3 가장 먼저 일어난 일은 글쓴이가 장수풍뎅이의 알을 처음 본 것입니다.

4 ㉡에는 글쓴이가 장수풍뎅이 번데기를 걱정하는 마음이 드러나 있습니다.

5 장수풍뎅이의 한살이는 ㉣ 알→㉤ 갓 태어난 애벌레→㉮ 큰 애벌레→㉭ 번데기→㉯ 어른벌레입니다.

6 이 글에는 '2주', '한 달' 외에도 오늘, 다섯 달, 20일과 같은 시간을 나타내는 말이 쓰였습니다.

7 (1) 글쓴이는 알을 처음 보았을 때 놀라웠다고 했습니다. (2) 혼자서도 잘 자라는 애벌레를 보고는 기특하다고 했습니다. (3) 번데기가 허물을 벗고 나서는 무사히 어른벌레가 되어 기쁘다고 했습니다.

☆ 어휘력 빵빵

2 (1) 동생이 집안일을 돕는 상황이므로, '기특하다', '대견하다'가 알맞습니다. (2) 어머니가 조금 전에 바로 만든 음식을 주신 상황이므로, '갓', '금방'이 어울립니다.

6회   29~31쪽

1 ⑤ **2** (1) ○ (2) × (3) × **3** (1) ㉮ (2) ㉯, ㉰
(3) ㉱ **4** (3) ○ **5** (3) ○ **6** ㉰

☆ 어휘력 빵빵 **1** (1) 정글 (2) 도구 (3) 추천
2 (1) 적다 (2) 맞서다 (3) 미워하다 (4) 어리석다

1 이 글은 『침팬지의 친구, 제인 구달』이라는 책을 읽고 쓴 독서 감상문입니다.

2 (2) 정글로 들어간 제인 구달은 야생 침팬지들이 피해서 처음에는 침팬지를 만날 수조차 없었습니다. (3) 이 글에서는 책에 침팬지가 나무 위에서도 많은 시간을 보낸다는 정보가 담겨 있다고 했습니다.

3 ㉮에는 책을 읽게 된 까닭이, ㉯와 ㉰에는 책 내용이 나타나 있습니다. 그리고 ㉱에는 책을 읽고 난 뒤의 생각이나 느낌이 드러나 있습니다.

4 ㉱의 첫 문장에서 글쓴이는 침팬지가 무척 영리하며 인간과 많이 닮았다는 것을 알게 되었다고 했습니다.

5 ㉮에서 글쓴이는 꿀벌 마야가 어떤 모험을 했는지 궁금해서 책을 펼쳤다고 했습니다.

6 글쓴이는 ㉰에서 마야가 용감하고 자신과 같이 호기심이 많다고 느꼈으며, 마야처럼 여행을 하면서 친구를 많이 사귀고 세상에 대해 알고 싶다고 했습니다.

☆ 어휘력 빵빵

2 (1) '많다'는 수나 양이 기준보다 더 있다는 뜻으로 반대말은 '적다'입니다. (2) '피하다'의 반대말은 '맞서다'입니다. (3) '사랑하다'의 반대말은 '미워하다'입니다. (4) '영리하다'의 반대말은 '어리석다'입니다.

1 (1) ○ (2) × (3) ○   2 (1) 비굴하다 (2) 사납다
3 ③   4 (1) ○   5 ②   6 (3) ○

★어휘력 팡팡   1 (1) 모닥 (2) 두머리
(3) 고자   2 용감하다, 비겁하다, 심술궂다,
친절하다, 인색하다, 명랑하다

1 아빠 늑대가 엄마 늑대에게 한 말에서 아기가 늑대를 무서워하지 않는다는 사실을 알 수 있습니다.

2 (1) 시어 칸에게 아기가 동굴에 있는 것을 일러바치는 말과 행동을 통해 타바키가 비굴한 성격임을 짐작할 수 있습니다. (2) 시어 칸이 늑대 동굴에 찾아와 아기를 내놓으라고 위협하는 모습에서 사나운 성격임을 알 수 있습니다.

3 호랑이의 몸에 검은 줄무늬가 있으므로, ㉠은 시어 칸을 가리키는 말이라는 것을 알 수 있습니다.

4 이 글은 시어 칸이 사람 아기를 찾으러 온 일을 통해 아빠 늑대와 시어 칸, 타바키의 성격을 보여 주고 있습니다.

5 엄마 늑대가 시어 칸에게 당당히 맞서며 썩 물러가라고 말한 데에서 용감한 성격임을 짐작할 수 있습니다.

6 이 글에서 (3)의 내용은 나타나지 않습니다. '엄마 늑대와 싸우면~눈에 보였거든요.'의 내용은 시어 칸의 생각입니다.

★어휘력 팡팡

2 개인이 가지고 있는 고유의 성질이나 품성을 뜻하는 '성격'을 나타내는 말을 모두 찾아 색칠합니다.

---

1 (3) ○   2 (3) ○   3 (1) ㉠ (2) ㉡, ㉢, ㉣, ㉤
4 시연   5 (1) ○ (2) × (3) ○   6 ⑤

★어휘력 팡팡   1 (1) ㉯ (2) ㉰ (3) ㉮   2 길

1 초음파는 박쥐와 돌고래를 비롯한 몇몇 동물만 낼 수 있습니다.

2 ㉮의 중심 문장인 첫 문장을 통해 박쥐와 돌고래가 초음파를 이용해 장애물을 피하고 길을 찾는다는 것을 알 수 있습니다.

3 ㉠~㉤은 박쥐와 돌고래가 의사소통할 때 초음파를 이용한다는 내용을 설명하는 문단입니다. 그중 문단의 내용을 대표하는 문장은 ㉠이며, ㉡~㉤은 ㉠을 뒷받침하는 문장입니다.

4 이 글에는 초음파의 뜻과 동물들이 초음파를 어디에 이용하는지 나타나 있습니다. 그러나 초음파를 이용한 과학 기술에 대해서는 나오지 않았습니다.

5 나방이 먹이를 찾으려고 초음파를 이용한다는 내용은 이 글에 나오지 않습니다. (1), (3)은 이 글의 내용으로 알맞습니다.

6 중심 문장은 문단의 처음, 중간, 끝에도 나올 수 있습니다. 이 글의 중심 문장은 마지막 문장인 ㉤입니다.

★어휘력 팡팡

2 빈칸에 들어갈 '길'은 여러 가지 뜻을 가진 낱말입니다. '길'은 어떠한 일을 하는 도중이나 기회, 다른 곳으로 이동할 수 있게 땅 위에 낸 일정한 너비의 공간을 나타냅니다. 또 물 위나 공중에서 일정하게 다니는 곳, 방법이나 수단을 뜻하기도 합니다.

9회	41~43쪽

1 ③ **2** (1) ○ (2) ○ **3** ④ **4** 서준 **5** (3) ○
6 건우

☆어휘력 팡팡 **1** (1) ○ (2) × (3) ○ (4) ○
(5) × (6) ×

1 에너지를 아껴 써야 한다는 의견을 내세우는 글이므로, 글감은 '에너지'입니다.

2 글쓴이의 의견에 대한 까닭은 에너지 자원이 한정되어 있고, 에너지를 만드는 데 많은 비용이 들어가며, 에너지를 사용할수록 지구 환경이 오염된다는 것입니다.

3 '바닥나다'는 돈이나 물건을 다 써서 없어지다라는 뜻으로, 이와 비슷한 뜻의 낱말은 '고갈되다'입니다.

4 글쓴이는 수력이나 원자력 발전소에서 에너지를 만드는 데 많은 비용이 들어가는 것도 에너지를 아껴 써야 하는 이유라고 했습니다. 따라서 석탄, 석유를 다 쓰면 수력, 원자력 발전소에서 전기를 만들면 된다는 민지의 말은 알맞지 않습니다.

5 (3)은 여름철 실내 온도를 25~28℃로 유지하자는 글쓴이의 의견에 대한 까닭입니다.

6 글쓴이는 사용하지 않는 전기 제품의 플러그를 뽑자고 했으므로, 건우는 글쓴이의 의견을 알맞게 파악하지 못했습니다.

☆어휘력 팡팡

1 (2) '온실가스'는 문장의 뜻에 알맞게 '소비'로 바꾸어야 합니다. (5) 전력이 더 쓰인다는 뜻이므로, '한정된다'를 '소비된다'로 바꾸어야 합니다. (6) '폐기물'은 석탄과 석유를 뜻하는 '자원'으로 바꾸어야 합니다.

10회	45~47쪽

1 (2) ○ (3) ○ **2** ② **3** (3) ○ **4** 한율
5 (2) ○ **6** ⑤

☆어휘력 팡팡 **1** (1) 마차 (2) 산산조각 (3) 고삐
(4) 증거 **2** (1) 꽃밭 (2) 책가방

1 파에톤이 울면서 집으로 돌아온 까닭은 친구들이 파에톤을 아버지 없는 아이라고 놀리고, 태양신의 아들이라는 말도 믿어 주지 않았기 때문입니다.

2 ㉠, ㉢, ㉣, ㉤은 파에톤을 가리키는 말이고, ㉡은 태양신 헬리오스를 가리키는 말입니다.

3 '신신당부'는 여러 번 거듭하여 간절히 부탁함을 뜻하는 낱말입니다.

4 파에톤의 아버지 헬리오스는 살아 있으며 어머니는 파에톤에게 아버지를 알려 주었습니다. 따라서 연우와 도겸이는 글의 내용을 잘못 파악해 원인과 결과를 알맞게 말하지 못했습니다.

5 ㉠의 결과는 ㉠ 뒷부분에 나타나 있습니다. ㉠의 결과로 산과 들이 불타고 마을은 잿더미로 변했습니다.

6 빈칸 앞의 내용은 결과가 되는 일이고, 빈칸 뒤의 내용은 원인이 되는 일입니다. 결과가 먼저 나오고 원인이 이어서 나올 때에는 이어 주는 말로 '~때문이다'와 어울리는 '왜냐하면'을 씁니다.

☆어휘력 팡팡

2 (1) '꽃'과 '밭'이 합쳐진 낱말은 '꽃밭'입니다. (2) '책'과 '가방'이 합쳐져 한 낱말을 이룬 것은 '책가방'입니다.

11회 49~51쪽

1 ⑤ 2 (2) ○ 3 (3) ○ 4 (1) 4 (2) 3 (3) 1
(4) 2 5 (1) ⓒ (2) ⓐ 6 (2) ○ (3) ○ 7 지안

⭐**어휘력** 빵빵 1 (1) 천체 (2) 가상 (3) 별자리
(4) 망원경 2 (1) 보다 (2) 가다 (3) 펴다 (4) 켜다

1 이 글은 '홍대용 과학관'에 다녀와서 쓴 견학 기록문입니다.

2 지구가 움직이지 않는다고 생각한 것은 당시 옛사람들입니다.

3 '기리다'는 훌륭한 사람이나 뛰어난 업적을 칭찬하고 기억하다라는 뜻입니다.

4 글쓴이는 홍대용 과학관에서, '천체 투영관 →홍대용 주제관→과학 체험관→관측실'의 차례로 견학했습니다.

5 (1) 글쓴이는 '과학 체험관'에서 탐험 차와 로켓 모양 기구를 타는 경험을 했습니다. (2) 글쓴이는 '관측실'에서 커다란 관측용 망원경으로 태양을 관찰했습니다.

6 천체 투영관에서 별을 보고 별자리 이야기를 들은 글쓴이는 가상의 별인데도 진짜처럼 생생했고 별자리 이야기도 무척 흥미로웠다고 했습니다.

7 홍대용 과학관은 홍대용과 우주, 별에 대해 다룬 공간입니다. 따라서 놀이공원에 로켓 모양 기구와 비슷한 놀이 기구가 있는지 알아봐야겠다는 지안의 말은 더 알고 싶은 내용으로 알맞지 않습니다.

⭐**어휘력** 빵빵

2 두 문장의 빈칸에 공통으로 들어갈, 여러 가지 뜻을 가진 낱말을 찾아 씁니다.

12회 53~55쪽

1 (2) ○ 2 ③, ⑤ 3 ① 4 준우 5 ③
6 (1) ○

⭐**어휘력** 빵빵 1 개(강아지)

1 글쓴이는 이 글을 통해 동물 등록을 꼭 하자는 의견을 드러내고 있습니다. (1) 글쓴이는 동물 등록이 꼭 해야 하는 의무라고 했습니다. (3)의 내용은 이 글에 나타나지 않았습니다.

2 반드시 동물 등록을 해야 하는 것은 2개월 이상 자란 개이며, 줄에 끼워서 개의 목에 걸고 다닐 수 있는 것은 외장형 식별 장치입니다.

3 ㉠~㉤이 있는 문단에서 중심 문장은 ㉠입니다. ㉡~㉤은 ㉠의 내용을 자세히 풀어서 설명해 주는 뒷받침 문장입니다.

4 이 글은 동물 등록제에 관한 내용을 담고 있습니다. 그러나 준우가 말한 개를 산책시키는 일은 이 글과 상관없는 내용입니다.

5 '동반하다'는 어떤 곳이나 길을 갈 때 함께 가다라는 뜻입니다. 이와 비슷한 뜻의 낱말은 '동행하다'입니다.

6 주어진 글에는 반려견이 잔디밭과 화단에 들어가지 않게 주의해 달라는 내용이 들어 있습니다.

13회   57~59쪽

1 (1) ○ (2) ○   **2** (3) ○   **3** (2) 뽕, 뽕, 뽕,
4 채아   **5** (2) ○   **6** 메뚜기, 벼 잎

⭐**어휘력 땅땅**   **1** (1) 땀구멍 (2) 제자리 (3) 논둑
2 (1) 폴짝폴짝 (2) 곰실곰실 (3) 들썩들썩

1 ㉠은 큰 파도를 커다란 고래에 빗대어 표현한 것으로, 파도의 모습을 생생하게 나타낸 표현입니다.

2 쪼그만 게가 파도에 휩쓸려 바닷속으로 사라지는 내용은 시에 나오지 않습니다. 따라서 (3)의 모습은 떠올릴 수 없습니다.

3 이 시에서 게가 기어 나온 자리에 뚫린 구멍의 모양을 생생하게 표현한 말은 '뽕, 뽕, 뽕,'입니다.

4 이 시에서는 파도가 밀려왔다 밀려가면 게가 가장 먼저 기어 나온다고 했습니다. 따라서 채아의 감상은 알맞지 않습니다.

5 시에서 메뚜기가 '벼 잎에서 벼 잎으로/폴짝! 폴짝!' 뛴다고 했으므로, (2)의 장면을 떠올릴 수 있습니다.

6 말하는 이는 메뚜기가 뛰어서 벼 잎이 흔들리는 것을 보고, 벼 잎이 메뚜기처럼 뛰고 싶어 한다고 생각했습니다.

⭐**어휘력 땅땅**

2 (1) 귀뚜라미처럼 작은 것이 자꾸 세차게 뛰어오르는 모양을 나타내는 낱말은 '폴짝폴짝'입니다. (2) 작은 벌레가 조금씩 자꾸 느리게 움직이는 모양을 나타내는 낱말은 '곰실곰실'입니다. (3) 어깨나 엉덩이 등이 계속 들렸다 놓였다 하는 모양을 나타내는 낱말은 '들썩들썩'입니다.

14회   61~63쪽

1 ①   **2** (1) ○ (2) ○ (3) ×   **3** 염류   **4** (2) ○
(4) ○   **5** (1) ○   **6** (1) ○

⭐**어휘력 땅땅**   **1** (1) 암석 (2) 증발 (3) 화산
(4) 수증기 (5) 예방

1 글쓴이는 이 글에서 바닷물이 짠 까닭에 대해 설명하고 있습니다.

2 글쓴이는 육지의 암석 속에 들어 있는 물질뿐 아니라, 바닷속 화산에서 뿜어져 나온 물질도 바닷물에 녹아 있다고 했습니다. (1), (2)는 이 글의 내용으로 알맞습니다.

3 바닷물 속에 녹아 있는 여러 가지 물질을 통틀어 이르는 말은 '염류'입니다.

4 ㈎의 내용에서 비가 많이 내리거나 햇볕이 약하게 내리쬐는 지역의 바닷물은 짠맛이 덜하다는 것을 알 수 있습니다. 이 내용을 통해 반대로 비가 적게 내리고 햇볕이 강하게 내리쬐는 지역의 바닷물은 더 짜다는 것을 짐작할 수 있습니다.

5 '바닷가 물놀이'라는 제목에서 단서를 찾아 ㉠의 까닭을 짐작할 수 있습니다. 물놀이를 마친 뒤에 몸을 깨끗이 씻어야 하는 까닭은 바닷물에 소금 성분이 들어 있기 때문입니다.

6 이 안내문을 읽고 바르게 행동한 친구는 준비 운동을 한 (1)입니다. (2) 글쓴이는 음식을 먹고 나서 1시간 이내에는 수영을 삼가는 것이 좋다고 했습니다.

⭐**어휘력 땅땅**

1 낱말 뜻에 알맞은 낱말을 떠올려 본 다음 찾아서 빈칸에 씁니다.

사진 출처
· 8쪽 민들레 씨앗, 콩 씨앗(셔터스톡)
· 9쪽 민들레 씨앗, 단풍나무 씨앗(셔터스톡)
· 20쪽 지구와 달(셔터스톡)

15회	65~67쪽

1 (3) ○ **2** ④ **3** (1) ㉯ (2) ㉺ (3) ㉱ (4) ㉮
4 (2) ○ **5** ④ **6** (2) ○

☆ 어휘력 팡팡 **1** (1) 내내 (2) 노부인
(3) 실룩거리다 **2** (1) ㉱ (2) ㉯

1 '그날'은 앞에서 이야기한 날로, 둘리틀 선생이 앵무새를 통해 동물도 자기들만의 말이 있다는 것을 알게 된 날을 뜻합니다.

2 지프가 말을 하고 있다고 하자, 둘리틀 선생은 발로 귀를 긁고 있는 모습만 보인다며 의문을 나타냈습니다. 이때 선생의 마음을 표현하는 말로는 의심스럽고 이상하다는 뜻의 '의아하다'가 가장 알맞습니다.

3 이 글에는 '그날 저녁 내내' 등 시간을 나타내는 말이 나옵니다. 시간을 나타내는 말에 주의하며 일어난 일을 정리합니다.

4 앵무새는 개들이 질문할 때 코를 사용한다고 했으므로, ㉱에서 떠올릴 수 있는 장면으로 알맞은 것은 (2)입니다.

5 ㉺은 동물의 말을 알려 달라는 뜻이므로, 지식이나 기술 같은 것을 익히게 한다는 뜻의 '가르치다'가 알맞습니다.

6 둘리틀 선생이 동물과 대화를 나눌 수 있는 수의사가 되었으므로, 노부인이 데려온 개들과 대화하며 병을 치료하는 장면이 가장 자연스럽게 어울립니다.

☆ 어휘력 팡팡

2 (1) 어머니가 하나의 케이크를 두 조각으로 만드셨으므로, ㉱의 뜻으로 쓰였습니다.
(2) 선우와 생일 선물에 대해 이야기했다는 뜻이므로, ㉯의 뜻으로 쓰였습니다.